》数／学／家／传／奇／丛／书《

主编：杜瑞芝

无穷统帅

——康托尔

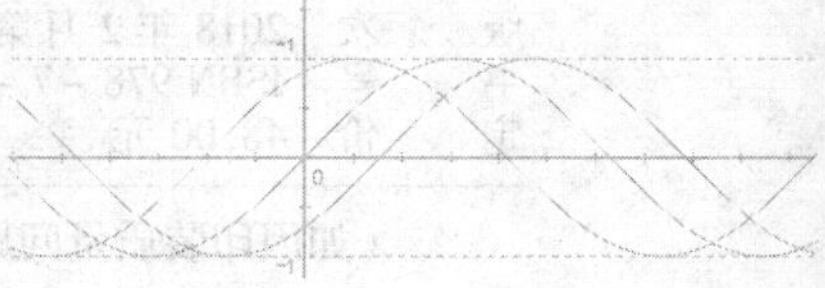

卢介景 ◇著

$$\frac{1}{2}A_0+\sum_{n=1}^{\infty}(A_n\cos nx+B_n\sin nx)$$

哈爾濱工業大學出版社
HARBIN INSTITUTE OF TECHNOLOGY PRESS

内容简介

本书以传记文学的形式介绍了著名数学家康托尔的传奇人生。作者从他的家庭背景、时代背景，描述了康托尔当时的教育、生活和数学研究的情况。本书着重叙述了他在数学研究方面做出的伟大贡献和对后人产生的深远影响。

本书史料翔实，写得深入浅出，通俗易懂，可供广大青年及对数学史感兴趣的读者阅读。

图书在版编目(CIP)数据

无穷统帅——康托尔/卢介景著.—哈尔滨：哈尔滨工业大学出版社，2018.2(2020.9 重印)
(数学家传奇丛书)
ISBN 978-7-5603-6760-6

Ⅰ.①无… Ⅱ.①卢… Ⅲ.①康托尔(Cantor, Georg Ferdinand Philipp 1845—1918)-传记 Ⅳ.①K835.166.11

中国版本图书馆 CIP 数据核字(2017)第 158228 号

策划编辑　刘培杰　张永芹
责任编辑　张永芹　邵长玲
封面设计　孙茵艾
出版发行　哈尔滨工业大学出版社
社　　址　哈尔滨市南岗区复华四道街 10 号　邮编 150006
传　　真　0451-86414749
网　　址　http://hitpress.hit.edu.cn
印　　刷　三河市同力彩印有限公司
开　　本　787mm×960mm　1/32　印张 8.375　字数 124 千字
版　　次　2018 年 2 月第 1 版　2020 年 9 月第 4 次印刷
书　　号　ISBN 978-7-5603-6760-6
定　　价　48.00 元

序　言

我与杜瑞芝教授是多年的朋友。她受教于梁宗巨先生,专长为世界数学史研究,著作多多。她主编的一本《数学史辞典》,是我常用的工具书。进入新世纪,我们陆续退休,联系就少了。不久前,她打电话到我在上海苏州河畔的寓所,邀我为她主编的《数学家传奇丛书》(新版)作序。老友相托,深感荣幸。

数学,是人类文明的火车头。人类文明的第一个高峰是希腊文明。从泰勒斯、毕达哥拉斯到欧几里得,数学理性文明大放异彩。柏拉图学园的门口"不懂几何学者不得入内"的告示,彰显了数学文明的地位。欧几里得的《几何原本》是仅次于《圣经》的印刷量最大的欧洲出版物。我国把徐光启和利玛窦翻译的《几何原本》作为近代理性文明的开始。人类文明的第二个高峰,是以牛顿为代表的数学和物理学所开辟的科学黄金时代。接着,电磁学方程、热力学方程、流体力学方程、拉普拉斯方程书写了第三个现代文明,而爱因斯坦方程的基础则是黎曼几何。开启今日信息时代文明的仍然是一群数学家,其中有提出电子计算机结构方案的冯·诺依曼,信息论的创始人尚农,控制论的奠基人维纳等。展望未来,人类文明正在迈入"大数据、互联网、人工智能"的新时代,数学在其中依然起着引领的作用。未来的人类社会,许多体力和脑力工作都将被机器人所承担,但是数学智慧是机器人不可能全部掌握的。数学将越来越引人瞩目。

我在这里写数学之重要,是希望争取更多的读者,共同追寻数学的踪迹,研读数学家传记,汲取数学家人生的智慧经验,以迎接新时代的到来。在这套丛书里,展现了数学历史长河上一段又一段美妙的风景。丛书用 9 个数学家的传记,打开了从 19 世纪到 20 世纪数学发展的绚丽篇章。这些数学家的故事都是永恒难忘的经典，读后或令人掩卷深思，或令人拍案叫绝。总之，那会是一次领略数学智慧的阅读之旅。

康托尔的故事感人至深。他孤身一人，撞开了无限王国的大门。他给无限依大小排序，提出了基数论与序数论。那时，不但无人喝彩，倒招来一些非议。例如，无限集合中的部分可以等于全体，与常识相违。罗素提出的集合论悖论，让数学的天空布满乌云。“一切集合构成的集合”让人困惑不解。康托尔承受了重大的精神压力，抑郁大半生。但是，真理终于战胜了疑虑。时至今日，集合论的语言已经渗入到几乎所有的学科，包括中学相关学科。康托尔是人类精神世界里的战士、英雄和伟人，世人将会永远纪念他。

给我留下难忘印象的还有维纳的故事。这位控制论的奠基人，是一位神童。也许是因为思维过于敏捷，表述跟不上思维的速度，因而他讲课别人实在听不懂，不受欢迎。我醉心于他的是“反馈”概念的提出。原来他观察人去捡落在地上的铅笔，过程是脑指挥手接近铅笔，眼睛观察手与铅笔的距离和方向,并将数据反馈给大脑,大脑据此做出下一步给手的指令。反馈的概念,就这样成了控制论的基础。

如果说,康托尔的故事是告诉人们向未知进军需要巨大的勇气,那么维纳的故事则是教给人们如何获取科学灵感,展示科学智慧的来源。人物传记正是在“敢于”和“善于”向数学进军这样两个方面,用一些感人的细节给人以教育和启示。

数学史不能只局限于古代数学史,了解数学家也不能只局限于古代数学家。这套丛书除了有康托尔和维纳的传记之外,还包括了大家熟知的历史上最重要的数学家之一——高斯的传记。更令人瞩目的是收录了两位名垂青史的女数学家柯瓦列夫斯卡娅和埃米·诺特的传记:前者勇敢地与命运抗争,终于在男人称霸数坛的19世纪取得一席之地;后者大器晚成,一生专注数学,心无旁骛,以创立抽象代数学名垂数学史。本丛书还记录了两位命运坎坷的天才数学家阿贝尔和伽罗瓦,他们以短暂的生命为数学史留下了璀璨的光辉。还有以迷开始又以迷结束的电脑先驱图灵及游走全世界的、有“数学莫扎特”美称的数坛怪侠爱尔特希的传奇人生。

数学家传记出版得不是多了,而是少了。君不见,清华附小的小学生用大数据的排序算法,分析了苏轼诗词中用字用词的规律。大数据时代的数学正在渗透到日常生活的方方面面。可以预料,数学家传记的读者群也会越来越大。

写了一些感想,权作为序言。

张奠宙

2017 年 10 月

于沪上

原版序言

这是一套以传记文学形式介绍著名数学家生平的丛书。本来是要请家兄钱临照写个序言，他对科学史有研究，也热心支持科学家传记的写作，但是他已年逾九十，不便握笔写作。所以，他给我谈了些他的想法，勉励我代他写这个序言。

我对数学只有很肤浅的知识，但是我明白，数学这门学科对人类文明的发展实在是太重要了。在大多数学科里，一代人创造的或树立的东西，往往被下一代人所更新或推倒。只有数学，前人创造的成果都能为后人所用，而每一代人都是在以前的“建筑”上添砖加瓦。今天，像我们从事技术科学或工程建设的人，有谁能离开前人创造的数学知识呢？不仅如此，前辈数学家的治学精神、思维方法和奋斗经历对于从事科学技术工作的人来说，也是非常有教益的。

本丛书所展现的数学家，有的是开拓者，披荆斩棘，勇往直前；有的是继承发扬者，博采众长，继往开来。他们或少年早慧，头角峥嵘；或中年发愤，大器晚成；或天资聪颖，才华横溢；或天性鲁钝，以勤补拙；或步踏青云，皓首穷经；或屡遭坎坷，英年早逝；或生于名门，独树一帜；或出身贫寒，困苦玉成……总之，他们从不同侧面给我们以启迪、思考和奋发图强的力量。

本丛书的主编杜瑞芝教授是一位年富力强的数学史专业工作者，她在从事专业研究的同时，还有志于从事这种看似简单实则很不容易的数学史传播工作，是值得称道的。各分册的作者都是多年从事数学史和数学教育研究的高校教师。他们在研究数学家生平、学术贡献的基础上，注意探索数学家成才的因素、成功的契机，还特别记述了那些超出常人、能够动人心魄的事迹。各分册还配有数学家的肖像，以展示这些大师的精神风采。

本丛书具有较强的知识性、趣味性、可读性与普及性，对广大青年读者增长知识、开阔视野、陶冶情操，并立志献身科学是大有益处的。

1998 年 10 月

于大连

前言

在数学发展的历史长河中，涌现出许多杰出的数学家。他们的发明创造是推动数学乃至科学技术发展的巨大动力，是人类文明的宝贵财富。没有数学家和广大人民群众的辛勤劳动，就不可能有今天高度发展的数学。然而，长期以来数学抽象的结构、艰涩的推理与枯燥复杂的算式，使得数学家好像与外界隔离开了。外界的人们，特别是年青的一代，觉得数学家是那样刻板而神秘，似乎远离尘世喧嚣。而数学家却很少受外界干扰，在数学王国里钻研得津津有味，自得其乐。著名数学家罗素（B. A. W. Russell，1872—1970）在学习欧氏几何时感慨道："我没想到世界上竟有如此有趣的东西。”数学大师陈省身说:“数学好玩。”可见学习和研究数学给他们带来了无穷的乐趣。这种数学家与外界相隔离的现象即使在数学高度发展、已几乎渗透到人类社会活动的一切领域的今天依然存在。

其实,数学家既是数学王国的主人,也是食人间烟火的凡人。怎样使人们走近数学家,了解他们的科学贡献、成长道路和个人品格,把数学家作为一个个活生生的、有血有肉的人,展现在读者面前,这应该是数学史家与数学教育工作者的任务。

经过认真的思考和多方的努力,我们尝试建立一条连通科学、历史与文学三者的纽带。在20世纪末,我们在哈尔滨出版社的支持下试图推出一套传记文学形式的《中外数学家传奇丛书》,以宣传数学家的事迹,激励年青一代投身科学。但是由于某些困难,仅在该社出版了三位中国数学家的传记,其余八位外国数学家的传记由山东教育出版社陆续出版,定名为《数学家传奇丛书》。该丛书问世后,颇受广大读者,特别是青年读者的欢迎,并很快售罄。为进一步满足广大读者的需要,同时也为传播数学文化做出新贡献，哈尔滨工业大学出版社决定推出新版《数学家传奇丛书》。新版除了对原丛书各分册做了适当的补充与修订外，又增加了《抽象代数之母——埃米·诺特》一册。

编写《数学家传奇丛书》是一种尝试，在国内还不多见。因此，难免会有这样或那样的不足，希望广大读者批评指正。同时，我们也十分热切地希望这项工作能得到广大数学工作者和科普工作者的关心和支持。让我们携起手来，为繁荣我国的数学事业，提高全民族科学文化素质而努力工作。

在新版丛书出版之际，我首先要特别感谢先师梁宗巨先生(1924—1995)。我于 20 世纪 70 年代末成为梁先生最早的研究生之一，是他引领我走上学习和研究数学史的道路，他严谨的治学态度始终影响着我。今年是先师去世 22 周年，愿以这套丛书聊表追思情怀。

原丛书的写作与出版曾得到中国数学会数学传播工作委员会以及中科院两位资深院士钱临照和钱令希的支持与帮助。钱令希先生在百忙之中亲笔为丛书作序，他关于数学科学的精辟见解，对于每一个数学工作者来说，都是一种激励。

新版丛书，很荣幸地请到了中国数学家、数学史家、数学教育名家张奠宙先生作序，令人感动和鼓舞。先生十分重视数学史知识的普及和数学文化的传播，他对数学重要性的阐述给了我们很大的启迪，在此对张奠宙先生表示衷心的感谢。

还要感谢哈尔滨工业大学出版社副社长刘培杰先生和编辑室主任张永芹同志的积极策划和鼎力支持，同时感谢为丛书付出大量辛勤劳动的各位编辑同志。

杜瑞芝

2017 年 10 月

于大连

导　言

21世纪的春天即将来临，我们古老而又年轻的祖国日新月异、朝气蓬勃。跨世纪的青少年一代，览黄河、长江之雄风、舒泰山，长城之壮志，大踏步迈上新的征途。

国内外不少有识之士预言：21世纪，将是中国巨龙重新腾飞的世纪。新的机遇，伴随着新的挑战。我们只有艰苦奋斗，力争取得辉煌胜利，才能无愧于光荣的炎黄祖先。

仰望漫天星斗，让思绪驰骋于宇宙之中。亲爱的朋友，你看到了什么，听到了什么，想到了什么？

古往今来，无数的英雄豪杰、科技英才，他们留下了多少感人事迹，创建了多少丰功伟绩！

时间无穷，空间无穷。人类面对无穷的时空，该有无穷的清醒认识。虽然我们作为个体，生活的时空是有限的，做出的贡献也有有限的，但是我们仍然渴望认识无穷，以开阔的眼界和胸怀，争取对祖国和人类多做一份奉献。

从某个角度看，数学正是关于无穷的科学。数学史中最精彩的部分，就有数学大师康托尔满怀坚定信念向无穷世界迈进、艰苦攀登创建超穷集合论、孤军奋战保卫新学科的艰辛历程。

回想初中一年级，你是否思考过下面的问题：整轴上的自然数点（即表示自然数的点）有多少个？整数点、有理数点、无理数点又各有多少个？也许你的答案都是“无穷多个”，即相应点（或数）的个数全都是无穷大（∞）。但是，此无穷大与彼无穷大是一样的？如果康托尔告诉你：“有理数点和自然数点一样多，而无理数点比有理数点多得多。”你能够想通吗？……

假如你对上面的这些问题有兴趣，请继续读下去。本书将让你在传奇的世界中，认识无穷大的统帅康托尔，了解他所统帅的无穷大大军，体味无穷世界的奥妙。

无穷的未来是属于你们的！亲爱的读者朋友们。

卢介景

1999 年 8 月

于天津

目　录

引子　神话般的希尔伯特旅馆

在19世纪的德国,流传着这样一个小故事,闪烁着神话般的色彩。

德国南部山区有一个旅游胜地,人们戏称它为X镇。这是一座背山面湖的花园般的小城市。山坡上树木郁郁葱葱,湖面上烟波浩渺。真是青山绿水处处好风景。温带纬度上的大西洋气团,使得这里夏天气候凉爽,冬天比较暖和,并带来丰沛的雨水。由于高山的阻挡,冬季的极地气团无法入侵X镇,这里的气候算得上四季如春。

X镇有一家旅馆,名叫希尔伯特旅馆。它建在山边湖畔的一条狭长地带上。300多米长的平房自东向西伸延,排列着上百间客房。中部较为开阔的地方建有营业部、商品部、饭店等。东、西两边还有游泳场和会议厅。

这家很有特色的旅馆生意兴隆,一年四季吸引着众多游客和不少团体。老板常自夸他的旅馆与通常的旅馆不同,房间间数不是有限数,而是无穷多。换句话说,他拥有无穷多间客房,房间号码依次为1,2,3,…

在那个思想活跃,崇尚论战的年代,希尔伯特旅馆老板的自夸之语不胫而走,常常引得一些人恃才而来,要为难老板一番。论战的焦点在对于与有限性质截然不同的无穷性质的认识上面。

有一天开大会,所有房间都住满了,后来又来了一位贵宾,坚持要住房间。旅馆老板于是引用“旅馆公理”说:“满了就是满了,实在无法安排,非常对不起!”正在这时候,老板的女儿尤丽来了。她是一位十七八岁正处花季的少女,身材修长,长发金黄,鹅蛋形面庞,脸色白里透红,眉毛细又弯,碧眼大而明亮,鼻子高且俏,薄薄的双唇上涂有淡淡的口红,穿着下绿上粉的短连衣裙。她看见爸爸和客人都很着急,问明情由,便脱口而出:“这好办,请每位客人都搬一下,从所住的房间搬到下一间。”也就是说,1号房间的客人搬到2号房间，原2号房间的客人搬到3号房间……依次类推。这腾空出来的1号房间，正好让这位迟到的客人住下。其实，这位贵宾又是一位“诘难者”，他对老板在现实问题中只能扮演“有穷论者”感到开心，而对尤丽在“无穷论者”角色中的机智则表示了赞赏。

第二天，一个庞大的代表团来到了希尔伯特旅馆，要求住宿。他们声称，他们的代表可用自然数1，2，3，…排序，直至无穷（即有可数无穷多位代表），一定要住。这一群“诘难者”也把老板难住了。尤丽又被叫来解围。她很快给出了解决问题的方案：让1号房间的客人搬到2号房间，原2号房间的客人搬到4号房间，原3号房间的客人搬到6号房间……原k号房间的客人搬到$2k$号房间……这样，1号，3号，5号……房间就都腾出来了，代表团的代表就能依次按顺序住下了。聪明的尤丽在论战中又取得了一次胜利。

过了一天，这个代表团又出新花招，他们想每个人占可数无穷多间房间来安排各自的亲戚朋友。这回不仅把老板难住了，连他聪明的女儿尤丽也被问住了。

刚从六年制中学毕业的尤丽，按照父母的愿望不再升学。她协助父亲管理希尔伯特旅馆。对代表团提出的问题，她只要有空，就苦苦思索。她还自学了不少数学知识。然而，几年过去了，仍然不得其解。

后来，经高人指点，尤丽上了哈雷大学数学系，正是在那里，她师从康托尔教授，解决了上面的问题，并与康托尔结下了终生的不解之缘。

第一章 少年耳中的神秘声音

康托尔,全名乔治·斐迪南·路德维希·菲利普·康托尔(Georg Ferdinand Ludwig Philipp Cantor),1845 年 3 月 3 日出生于俄罗斯圣彼得堡。

康托尔的祖父、祖母原居住在丹麦的哥本哈根。1807 年,英国炮击哥本哈根时,他们家几乎丧失了一切。这突如其来的灾祸逼得他们举家迁往俄罗斯的圣彼得堡,投靠康托尔祖母的亲戚。

1814 年 3 月 24 日,康托尔的父亲乔治·魏特曼·康托尔出生。他是在福音派新教的影响下成长起来的,头脑中有着强烈的宗教意识。年轻的魏特曼为了家庭的重兴一直在努力奋斗。他在圣彼得堡从事商业起步,1834 年开始经营国际贸易,交易面达到德国的汉堡、丹麦的哥本哈根、英国的伦敦,甚至远及美国的纽约。

正当全家人为能在20多年时间中逐渐兴旺发达起来而感到高兴之时,命运又一次把他们抛向低谷。由于某些原因,1839年,25岁的魏特曼所从事的国际贸易破产了。但凭着坚定的精神力量,他很快战胜了沮丧情绪,以极大的热情将生意转到股票交易上,并不断获得成功。他所具有的渴望在事业上取得成功的强烈愿望和为克服一切困难所抱有的坚定信念,使他的父母和亲戚为之自豪。

1842年4月21日,魏特曼与鲍约姆结婚。鲍约姆出生在圣彼得堡的一个音乐世家。这个家庭出过好几位天才音乐家,其中最著名的一位是她的叔父约瑟夫。他是奥地利维也纳一所艺术学校的校长,也是一所曾训练出许多著名小提琴手的小提琴学校的创建人。

魏特曼夫妇共生了6个孩子,康托尔是他们的长子。他们关心自己的孩子们,尤其关心长子的幸福和教育。父亲给康托尔灌输了深深的宗教信仰。魏特曼对康托尔就学进行了游学式的安排,对康托尔的前途做了不可思议的预见,但并不采取强制的态度，而康托尔对父亲的教导尽了最大的努力去遵从。

1856 年，11 岁的康托尔随全家移居德国中西部的威斯巴登。为了集中精力于学业，父亲让他到当地的一所寄宿学校去读书，虽然寄宿要付出昂贵的费用。

学校位于市郊一座山丘的阳面缓坡上，是一所三年制的初级中学。两座教学楼、三座宿舍楼、餐厅及操场依次坐落在草地、树丛中。校园的围墙外不远处有一条小溪蜿蜒流过。

由于受温带纬度上的大西洋气团的影响，这里夏天气候凉爽，特别是在这所花园似的学校里，小康托尔感到很舒服。

爸爸为他办好注册、交小学成绩册、交学费等手续后，就外出忙金融业务去了。那天是妈妈陪着他乘坐马车，带着一些必需的日用品来报到的。班主任老师反复对家长们强调，为了培养孩子们的独立生活能力和意志品质，每个月的最后一个星期天家长才能来探望，也不需要给带吃的、玩的东西来。分手时，妈妈红着眼圈再三叮嘱儿子：“孩子，按爸爸的话去做吧，勇敢地走上成才之路！”

康托尔很快达到了自己的精神高峰，以饱满的精力开始了对各门功课的学习。他的勤勉和热情受到全班30多位男女同学的喜爱，也受到任课老师的好评。

只要是晴天，每晚熄灯之前，康托尔都要站在宿舍前的花坛边，望着天上的星星出神。有一天，宿舍管理员——一位和蔼可亲的胖阿姨问他："孩子，是想念妈妈了吧？"康托尔腼腆地笑了笑："我从小就爱和爸爸一起看星星，数星星，可怎么也数不清……"

康托尔对初等代数和三角学这两门课程特别感兴趣。他不仅上课注意听老师的讲解，课后完成老师留下的作业，而且还到图书室借阅有关的参考书，选做一些难题。

有一次，在一节初等代数课上，还剩下几分钟时间，老师突然提问："谁知道是谁最早发现了无理数？"同学们面面相觑，后来大家都把目光转向了康托尔。只见他胸有成竹地站了起来："老师，是古希腊的希伯斯。"一位叫魏斯特的男生站了起来："老师，请让康托尔详细地说说，像讲故事那样。"老师点点头，同学们响起了一阵掌声。康托尔接着说："公元前6世纪，古希腊数学家毕达哥拉斯发现了直角三角形三条边之间的关系，即在直角三角形中，两条直角边的平方和等于斜边的平方，就是我们在三角学课上学的那个毕达哥拉斯定理。希伯斯是毕达哥拉斯的学生，聪明好学，爱动脑筋。一天，他用老师的定理研究了边长为1的正方形的对角线的长，发现它既不是整数，也不是分数，也就是说它不是有理数，而是一种新数，是一个无限不循环小数1.414…这就是世界上最早发现的无理数$\sqrt{2}$。可是，由于毕达哥拉斯学派认为，整数是上帝创造的，分数是两个整数的比，世界上除此而外，不可能再有其他的什么数。希伯斯的发现动摇了该学派的基础。于是，毕达哥拉斯对希伯斯施加压力，要他改变观点，并竭力封锁他的发现。但希伯斯面对真理，不畏强暴，坚持宣传自己的观点……最后，在一艘海船上，希伯斯被凶手残忍地抛进大海淹死了。”康托尔的声音越来越低沉，同学中有人发出了抽泣的声音。下课钟声响起，老师高声地说：“今天我们学习无理数时，应该怀着敬意来纪念这位英勇的数学家。”

当天晚上熄灯钟响之前的自由活动时间，康托尔又坐在宿舍前花坛边的长条石凳上望着星空沉思。与他同宿舍的好友魏斯特找到了他："喂，康托尔，这满天星星有什么好看的？""噢，魏斯特，你看这些星星多么像人的眼睛。我的爸爸曾对我说，你的父母以及在俄国、德国、丹麦的其他家人都在注视着你，希望你将来能成为科学地平线上升起的一颗明星。我想，希伯斯第一个发现无理数，他就是科学上的一颗明星。"

和康托尔同住一间宿舍的共有6位同学，康托尔是其中年龄最小的一位，是大家快活、聪明、可爱的小弟弟。周末的晚上不敲熄灯钟，大家可以在一起玩，如打桥牌，下国际象棋，唱唱歌，听听康托尔拉小提琴……即使到了午夜时分，大家仍然意犹未尽，于是都躺到床上开起了"卧谈会"，谈天说地，道古论今；或者开起了"辩论会"，分成甲、乙两方，摆开对立论点……最后还得决定第二天早晨谁早起去餐厅买回全宿舍的早点。"老大哥"魏斯特提议抽签最公道，这制作签子的事便让"小弟弟"康托尔主持。康托尔找出一张厚纸，把它裁成7张小纸条，再用笔写上字。然后他宣布："抽到'1'这个数字的，明天给大家买早点，抽到‘0’这个数字的不去。”他穿着拖鞋走到“老大哥”的床边，魏斯特一抽出来，就立刻大叫：“我抽到‘1’了，明早我去买早点。熄灯吧，你们不用抽了。”康托尔到桌子边吹灭了煤油灯，便上床了。黑暗中，不一会儿便响起了轻轻的鼾声。

几星期后的周末，进行第二次抽签。康托尔做完签后，说：“这次让魏斯特老兄最后抽，免得像上次那样‘吃亏’。”于是，包括康托尔在内6人都抽了签，他们面面相觑，都不吭声。而“老大哥”抽完签后，立刻喊了起来：“得，我又抽到‘1’了，明早我还去买早点。熄灯，睡觉！”

又过了几个星期，又是一个周末，魏斯特第三次提议抽签，大家都哈哈地笑个不停。“老大哥”像丈二和尚摸不着头脑，犯了迷糊。“小弟弟”笑容可掬地出来解谜：“对不起，魏斯特老兄，我和你开了个玩笑。所有的签上全是数字‘1’，谁叫你快人快语，沉不住气呢！明早我去买早点，就不用抽签了。以后就一个接一个，自告奋勇，轮流着去吧。”大家听了又笑了起来，包括“老大哥”。

妈妈放心不下小康托尔，常常禁不住去学校，想看看刚刚离家住校求学的儿子，想送去干净的衣服和袜子，但传达室的大爷都引用学校规定挡了驾，说那样不利于孩子的全面发展和锻炼。她只能失望地提着小包，红着眼圈回家了。

其实，妈妈的担心是多余的。康托尔喜爱寄宿学校里与小伙伴们在一起的从容有序、活泼共进的学习生活。晨读、上课、自习都有老师管且不必说，连课外活动、自由活动也有专人负责指导，新鲜而有趣。

秋高气爽的一个星期天下午，宿舍管理员胖阿姨领着全班同学来到校园外的小溪旁，她耐心而慈祥地教孩子们怎样把衣服和床单洗得既干净，又不损伤纤维，还节省肥皂。

秋雨连绵的一个星期天下午，胖阿姨又挨个宿舍指导孩子们怎样缝纽扣、补缀裤缝的开线以及缝补袜子上的小洞。

小康托尔从来不看轻洗衣、缝补这些带有自我服务性质的小事，而且很有兴趣要把它们做好。在一次课外刺绣比赛中，他的彩色图案竟击败了手最巧的女同学，获得第一名。原因不在于他的刺绣水平，而在于他的绘画才能——在圣彼得堡上小学时，他的画参加过市级展览，并得到奖励，使得全校和全家为之自豪。

元旦之后，严冬来临，学校放假一个月。

康托尔高兴地回到妈妈身边。妈妈说他长高了，长结实了。他则围着妈妈转，嘴里问这说那不停口，手上帮着干这干那闲不住。

几天后，爸爸从荷兰的阿姆斯特丹回家来。他干脆把儿子叫到书房，父子俩从下午3点钟一直谈到晚上7点钟，甚至连吃晚饭也耽误了。

康托尔的父亲是一个睿智的商人。他对康托尔寄予厚望。是他说服康托尔的母亲，同意把年幼的康托尔送到寄宿学校去的。现在儿子已经上了一学期的寄宿学校，他想知道儿子的每一天是怎么过的，与同学、老师、职员又是怎样相处的，都有些什么收获，还存在什么问题。

父子俩相差31岁，却能像忘年之交般交流。儿子对父亲的奋斗经历了如指掌，不光听母亲说过、听祖父母说过，而且听过父亲亲自从经验、教训角度的剖析之言。他崇敬父亲，希望把父亲的一切长处、经验都继承下来。

母亲又一次催促他们共进晚餐，父亲以下面一段话结束了这次长谈：“我希望你立志学工。你在音乐、绘画、体育等方面的全面发展，将为你一生的快乐、进步提供保证。在中学时期，为了掌握广博而精深的科学知识和实际技能，为了学好外语和文学，为了在人文科学的各方面得到发展——这些都是你在生活中注定要实现的目标——你必须十分清醒地认识到，任何过早地挥霍自己的时间和精力的行为，都将使这一切付诸东流。”康托尔听后，深情地望着他父亲闪烁着星光的双眼，激动地说：“爸爸，我记住您的话了。”

新的学期在早春开始了。康托尔以更加充沛的精力投入到对新课程的学习中。

春暖花开，绿草如茵。这群朝夕相处的少男少女们渐渐相识、相熟、相知。

康托尔的前后左右渐渐有了一些常伴。他在图书馆看书，会有女孩挤到他的身边问他正在看什么书。他去音乐教室练琴，常聚集着一些听众不时为他鼓掌。甚至他去大阶梯教室听课，有时也会有人给他递上纸条。

读着纸条上的情诗，康托尔有时很兴奋，有时又很无奈。

五月的一个星期三，康托尔意外地见到妈妈到宿舍来找他。这天不是探望日，他和同学们都很奇怪。康托尔留下妈妈送来的衣物后，便陪着妈妈往校门口走去。宿舍管理员胖阿姨从传达室出来，满脸堆笑地对他们说："以后你们有事就找我，我特别喜欢小康托尔。我的女儿，就是一年级三班的玛格丽特，也特别喜欢康托尔。你以后在学习上得帮帮她……"说得康托尔红了脸，拉着妈妈赶紧出了校门。

康托尔觉得像小学时那样男生女生在一起玩挺好的，两小无猜，天真的儿童情趣，"过家家"多少回也不往心里去。当这种纯洁的友谊增加了排他性之后，可就增加了热度、增加了频度，要向心灵空间大举进占了。确实，玛格丽特是个好女孩，喜欢说说笑笑，随和又漂亮，芭蕾舞还跳得很好，他也很喜欢和她在一起，就像和其他的男生女生在一起一样。康托尔明白，她给自己写情诗是要求自己只和她一个人好……他也几乎打开了情窦。

天空晴朗，日落星明。看着天空中无数颗闪闪烁烁的星星，康托尔好像从苍穹中听到了一种神秘的声音，它时断时续、时轻时重：“康……托……尔，科……学……之……星，前……进……”他下定了决心，斩断类似少年维特之烦恼的一切烦恼，集中自己的时间和精力，去掌握广博而精深的科学知识和实际技能。

他给在荷兰阿姆斯特丹从事投资的父亲写了封长信，毫无保留地写了自己最近的经历和想法，还谈到了对学校图书馆藏书不足的不满。

父亲很快回了信，对儿子思想上的长进大加赞赏。他在信中写道：“这种神秘的声音我年轻时也多次听到过。我相信，那是虔诚的教徒在接受上帝的启示，绝不是什么幻听。它将永远鼓舞你保持争取在事业上取得成功的强烈愿望和为克服一切困难所抱有的坚定信念。我将在此地尽最大的努力，为你的成才提供新的条件。”

同学们逐渐在康托尔的身上发现了一些新的变化：对时间抓得更紧了，三天两天就能看完从图书馆借的一本书。不是老师规定参加的活动都不参加。星期天更成了他集中阅读课外书的好时机。

玛格丽特等好玩、好动的姑娘们渐渐对康托尔产生了敬畏心理，不敢轻易去打扰康托尔了。

中学第一年的学习结束了。康托尔的各门功课成绩优秀。校方在他的操行评语上写道："他的勤勉和热情堪称典范，在初等代数和三角学方面成绩优异，其行为举止值得赞扬。"

1857 年夏秋之交，在魏特曼的努力下，12 岁的康托尔转学到荷兰阿姆斯特丹的一所六年制寄宿中学，插班二年级五班。为了鼓励学生们在学业上的竞争，为了便于因材施教，这所学校在各年级均实行按学年考试总分梯度排班，一班分数最高，二班次之。二年级共有 6 个班，照例转学生要被分到六班，由于魏特曼据康托尔的一年级成绩和评语极力争取，康托尔才破例被安排在五班。父亲鼓励儿子，努力学习，争取一年上一个台阶，来个步步高。

在其他同学看来，这位新到的插班生性格孤僻内向，除了上课，就爱往图书馆、阅览室跑，假期、课余常喜欢一个人找个僻静的地方读书。同宿舍的同学对他也不了解,感觉他是那么的神秘莫测,没见到有亲人来看望他,也没见到他离校去探亲访友,倒是经常看到收发室的玻璃窗上插着给他寄的来自德国、俄国、丹麦、法国的信。他好像万事不求人,衣服脏了自己洗,袜子破了自己补,连拆洗被罩也不发愁。

康托尔就在这样一个人生地不熟的环境中收敛光芒,发奋读书。功夫不负有心人,他年年取得优异成绩,第二年被编入三年级四班,第三年又到了四年级三班。

在父亲的支持下,康托尔在二、三年级的寒、暑假都留校自学。他在学校图书馆如饥似渴地阅读了大量书籍,涉及各门学科,包括历史、宗教、哲学、莎士比亚戏剧、歌德的小说,等等。在身体疲倦之际,在夜深人静之时,他时常遥望星空。少年耳中的神秘声音多次给他以力量和勇气。

第二章　献身数学的坚定信念

1860 年元旦前夕，康托尔回到了阔别两年半的家乡。父母亲看着足足长高一头的儿子，十分高兴。

除夕的家宴是丰盛的。全家 8 口的团聚更增添了喜悦的气氛。餐厅的正中挂着一盏新购置的耀眼的汽灯，光芒四射，亮如白昼。大圆桌上摆满各式菜肴以及葡萄酒、威士忌、白兰地、椰子汁、橘子汁等。

鲍约姆身穿晚礼服，怀中抱着不久前刚满周岁的小儿子——他就是康托尔未曾见过面的小弟弟康士坦丁。这会儿，他正冲着眼前的哥哥康托尔直乐呢！坐在鲍约姆左边的是魏特曼，繁忙的商业竞争、险恶的股海沉浮使这位不到 50 岁的铁汉子头发稀疏，而且有些花白，脸上爬上了皱纹，背也略显弯曲，还不时扭转头向后轻咳两声。爸爸的左边是康托尔的姐姐索菲，她比康托尔长两岁，出落得如花似玉，三年制中学毕业后就在家帮妈妈做家务和照顾下面的4个弟弟、妹妹。

照例是由魏特曼发表祝酒词："亲爱的夫人鲍约姆，我们可爱的孩子们，首先让我们虔诚地感谢上帝，是万能的上帝让我们有幸团聚在美酒佳肴前迎接新年。祝愿在新的一年里国家进步，经济发展，家庭幸福，健康快乐……阿门！""干杯！"

魏特曼在席间破例为康托尔斟了一小杯白兰地酒，父子俩举杯站了起来，爸爸说："孩子，祝你以后能成为工学博士！"儿子说："祝爸爸身体健康，事业成功！"

酒足饭饱之后，康托尔帮索菲收拾好碗筷，撤掉了大圆桌。一场家庭音乐会开始了，这是他们家自圣彼得堡留下来的传统。小提琴独奏、合奏一些世界名曲，如莫扎特、贝多芬、舒曼、李斯特、瓦格纳等伟大作曲家的作品。在悠扬的乐声中，康托尔的心灵受到陶冶、感情得到升华，甚至有种飘飘欲仙之感。

在19世纪60年代的第一个星期里，康托尔在威斯巴登的家中充分地享受着天伦之乐。听爸爸讲过去的经历，讲人生的经验教训，讲对儿子未来的设想，探讨男子汉的责任，探讨股市预测中的计算问题，等等。父子俩只要在一起，就经常谈天论地，常常几个小时也停不下。这位即将年满15岁的长子，他的见闻、他的学识以及闪现的真知灼见，绝不是普通的中学四年级学生可以比拟的，这使魏特曼感到自豪。康托尔和妈妈在一起时，则是另外一番情景，她常讲一些至爱亲友的温馨往事、闲情轶事，讲一些生活中的常识和技巧。康托尔还帮姐姐干家务，给上初中及小学的妹妹讲故事。

一周之后，魏特曼又要开始忙他的金融业务，先去美国纽约办事。临行前的一次谈话中，父亲支持康托尔利用寒假的后三周搞文学习作的尝试，写一部300页左右的《希伯斯传奇》。

康托尔在父亲离家的当天就对“传奇”进行了整体构思，编写了两页的写作提纲。到晚上10点多钟已经写好了10页。姐姐索菲不时进书房来给壁炉加劈柴，还剪了一次煤油灯上结的灯花。这时，妈妈也来给康托尔送上一杯刚煮好的热咖啡。康托尔喝着咖啡，红光满面，精神焕发。妈妈翻阅着他的手稿，不时点头微笑。姐姐问弟弟："什么叫传奇？它和小说有什么区别？"妈妈对此也颇感兴趣，就说："你就简单给我们说说吧！"

康托尔是一位记忆力很好的少年，面对着妈妈和姐姐，他迅速打开了记忆的宝库，从中挑选出一些耀眼的珍宝，摆到她们的眼前：

"其实，传奇和小说都是文学作品的形式。它们都包含两个基本的冲动：模仿日常生活的冲动和超越它的冲动。小说更多地贯注于对一个熟知的世界的再现和解释，而传奇则全神贯注于理想，它在愿望的想象中重新创造了世界。有些作品，对于当代的读者来说，像现实主义的小说，而对于未来的后代来说，则像传奇。传奇总是盛行于发生迅速变化的时期。

"传奇的一个显著特点是'神奇'，如超自然手段的运用。传奇的世界是丰富而广大的，由它内在的法则支撑。它不是一个完整的世界，它强化和夸大了人类行为中的某些特征，从这种夸张中，它再创造了人类的形象。它把某些经验的延展排除在外，为的是全力集中于某些主题,直至它们燃烧起来,一如生活自身的火焰。

“传奇本质上是主观的,虽然作者的个性可以仅仅通过作品本身来表现,而不是亲自出现在作品中。传奇施加给读者与传奇世界之间的一种关系,这种关系解放了读者,逃避了现实,并引起了不寻常的依赖性。传奇会使读者产生像孩子在听故事时感到的那种全心全意的沉浸。一部好的传奇,能够像一场梦幻那样扣人心弦,并且充满了极大的心理责任,暗含着启发意义,使读者体验到人类经验的基本冲动。”

妈妈静静地听完了儿子的讲解,才恍然大悟地说:“难怪你一开始就写希伯斯被扔到海里后并没有被淹死,是海神还是渔民把他救了起来,才有了后来的故事。这也是你的想象、你的理想世界吧?”康托尔肯定地点了点头。

每天早起,妈妈都看到书桌上又多了一叠手稿。她不知道儿子是几点钟睡的。索菲说他每天下午、晚上都要喝两杯越来越浓的咖啡。

半个月后,稿子已写了250多页。这天晚上在书房中，康托尔觉得笔越来越沉重，眼皮也越来越沉重，似乎刚刚喝完的那杯浓咖啡也无济于事。他把头靠在椅子的高靠背上，冥冥之中，好像看到年老的希伯斯又从船头掉进了波涛汹涌的大海。康托尔猛然间醒来，出了一头冷汗。他抬起头，只见不知什么时候进来的妹妹索娅正在翻看桌上的手稿。她见哥哥睁开了略带血丝的眼睛，便撒娇地嚷了起来："哥哥，哥哥，我不要你写希伯斯死了，不要，不要嘛！你写得不好，又潦草。"康托尔情绪低落地说："是不好，是潦草。索娅，你回去睡觉吧，不早了。"

索娅走后，康托尔边收拾稿子，边喃喃地说："看来，我不是当作家的材料。"他牙一咬，心一狠，就顺手把一大摞稿子扔到壁炉里去了。陡然发亮的红光照在康托尔红红的脸上，两行玛瑙般的泪珠闪着晶莹的光……

第二天上午，康托尔睡到很晚才起床。妈妈一早找不见稿子，心里挺着急。她是儿子的《希伯斯传奇》的第一个读者，她盼望着分享它被印成书的喜悦。当从康托尔口中得知手稿已被付之一炬后，她很难过，并询问了过程和想法。索娅真后悔自己多嘴多舌、胡说八道，索菲则自责没有想到为弟弟保管、抄正手稿。妈妈安慰地说：“烧就烧了吧，我相信你能把它再写出来。”康托尔则坦然地说：“这次没有成功的习作证明了我将来不适于当作家。烧了就不存在了，没负担了。我要对准目标，轻装前进。”

新学期一开始，康托尔就把注意力更多地投入到对数学、物理、化学等课程的学习上去，他要不辜负父亲的期望，为中学毕业后上工科高等院校做准备。

在康托尔刚满 15 周岁的时候，他收到了父亲寄自大洋彼岸的一封充满激情的来信。这封信始终伴随着康托尔。每当重新读起来时，他都受到了一种精神力量的鼓舞。当他在夜晚遥望星空时，信中的整段整段话便从苍穹进入了自己的耳里：

“亲爱的乔治，一个人的前途和命运，对他来说是隐藏在最深层的。没有人能事先知道，他会陷入何等的困境中。也没有人能知道，在生活的各个阶段，将与怎样的不可预见的困难做斗争。

“那些从事具体工作的成功者，在最初的斗争中，经过软弱无力的抵抗后，曾饱尝过多少痛苦和失败。他们士气衰落,充其量不过是失败的天才。然而那些年轻人——即使他们具有最好的天赋——将遭遇到如此命运都是很自然的。

“他们所缺乏的,是从事任何事业都必不可少的一种坚定信念。请相信我,你最忠诚、最可靠、最有经验的朋友,这种信念是一种真正的宗教精神。

“但是,在追寻事业成功的努力中,为避免由公开的或秘密的敌人的妒忌和诽谤所造成的困境,也为了克服各种艰难困苦,一个人首先必须获得最基本和最广泛的专业知识和技能。这对一个勤奋而有抱负的、不甘被自己的敌人挤掉而退居二三流的人来说,是绝对必要的。

“愿上帝赐予你力量和耐心,给予你健康的体魄和健全的性格。愿上帝保佑你永远沿着他所指引的道路,前进。阿门!”

在四年级的课程中,康托尔最喜欢的是解析几何了。他想,如果将来当工程师,便和工程图有不解之缘,而读图和画图都离不开几何。在四年级毕业考试时,他的学年成绩又名列前茅,下学年将升到五年级二班就读。照例,暑假他又留校自学。

学校图书馆馆长是一位年过60的数学教师，几年前因声带嘶哑而走下讲台。这位慈祥的德国老头儿对康托尔特别关心，一是沾有“老乡”的关系，二是这位年年换借书证、班次总往上调、几乎每次假期都留校的少年确实引起了他的关注。

这些日子，康托尔被馆长路西多尔推荐给他的几本有关数学史的书籍吸引住了。渐渐地，在他的脑海中形成了纵向发展几千年、横向形成十几个学科的数学王国。种种奇珍异宝、名胜古迹常使他流连忘返，废寝忘食。

十六七世纪，欧洲封建社会开始解体，代之而起的是资本主义社会。由于工场手工业的繁荣和向机器生产的过渡，以及航海、军事等的发展，促使技术科学和数学急速向前发展。初等数学已经不能满足实践的需要。在数学研究中自然而然地引入了变量与函数的概念。从此数学进入了变量数学时期，它以笛卡儿的解析几何的建立为起点。

1637年，笛卡儿发表了重要著作《方法论》及其附录《几何学》。它引入了运动着的一点的坐标的概念，引入了变量和函数的概念。由于有了坐标，平面曲线与二元方程之间建立起了联系，由此产生了一门用代数方法研究几何学的新学科——解析几何学，这是数学的一个转折点，也是变量数学发展的第一个决定性步骤。

在近代史上，笛卡儿以资产阶级早期哲学家而闻名于世，被誉为第一流的物理学家、近代生物学的奠基人和近代数学的开创者。1596 年 3 月 31 日，他出生于法国图朗，成年后的经历大致可分两个阶段：第一阶段从 1616 年大学毕业至 1628 年去荷兰之前，为学习和探索时期。第二阶段从 1628 年至 1649 年，为新思想的发展和总结时期，大部分时间是在荷兰度过的，这期间他完成了所有著作。1650 年 2 月 11 日，他病逝于瑞典。

笛卡儿成了康托尔心中继希伯斯之后的又一颗数学之星。

在那些燥热难眠的夏夜，在夜半蝉鸣的陪伴中，康托尔常在宿舍楼前的草坪上遥望星空。有一次他竟浮想联翩，把自己想象为空间直角坐标系的原点，向东引 x 轴，向北引 y 轴，向天上引 z 轴。在三条坐标轴上都有无穷多个点，在三个坐标平面上也都有无穷多个点，在整个宇宙空间中也有无穷多个点……而 x 轴上的区间[0,1]中也有无穷多个点。这无穷多个比那无穷多个谁多？无穷大是个数吗？这些问题困扰着康托尔，他百思而不得其解，这使他感受到了数学的神秘和玄妙，从而更增强了数学对他的吸引力。

康托尔曾就这些问题向路西多尔求教。学识渊博的图书馆馆长只提供了一些有关资料，说是供康托尔以后研究时参考：

“在无穷的概念方面，存在两种完全不同的观念。在古希腊，关于无穷可分性及连续性的芝诺悖论使数学家对无穷特别小心。欧几里得的无穷是潜在的无穷，他不讨论无穷长的直线，而只讨论可以延长到任意长度的线段。他对无穷的观念表现在，素数无穷多是指任何有限多个素数之外还有素数，而不考虑所有素数的无穷整体。数学家一直回避这种实在的无穷。他们都局限于潜在的无穷，也就是超越过所有有限的变化着的有限。”

大约在公元前450年，希腊数学家芝诺注意到由于对无限性的理解问题而产生的矛盾，提出了关于时空的有限与无穷的4个悖论。所谓悖论,就是与一般承认的常识性命题相反的命题,也指违背逻辑的命题。第1个悖论是两分说:向着一个目的地运动的物体,首先必须经过路程的中点;然而要经过这点,又必须先经过路程的$\frac{1}{4}$分点;依此类推,以至无穷。其结论是:无穷是不可穷尽的过程,运动是不可能的。第2个悖论是阿基里斯追龟说(阿基里斯是《荷马史诗》中的善跑英雄):阿基里斯总是首先必须到达乌龟的出发点,因而乌龟必定总是跑在前头。这个悖论同两分说悖论一样,所不同的是不必把所需通过的路程一再平分。第3个悖论是飞箭不动说:箭在运动过程中的任一瞬间必在一个确定的位置上,因而是静止的,所以箭就不能处于运动状态。第4个悖论是运动场悖论:A,B两个物体以等速向相反的方向运动。在静止的C看来,比如说,A,B都在1小时内移动了2公里;可是,在A看来,则B在1小时内就移动了4公里。运动是矛盾的,所以运动是不可能的。芝诺的前两个悖论诘难了关于时间和空间无限可分,因而运动是连续的观点;后两个悖论诘难了时间和空间不能无限可分,因而运动是间断的观点。

相对于潜在的无穷,可把历史上对实在的无穷的探讨分为3类:(1)完全独立的、超越世界而存在的、在精神中实现的绝对的实无穷。(2)现存世界中具体化的无穷。(3)人们所认识的抽象的实在的无穷。法国数学家柯西完全否认第(2)类和第(3)类实在的无穷。而笛卡儿、莱布尼茨等则承认具体的实在的无穷,但否认抽象的实在的无穷。神学的观点是承认抽象的实在的无穷而否认具体的实在的无穷,也就是显示上帝的伟大,只有上帝才是无穷的,而他所创造的世界只能是有限的。

路西多尔成了康托尔的良师益友。康托尔以极快的速度阅读老人家推荐给他的一本又一本关于数学史和数学家传记的书籍。他们经常约定晚饭后一起散步,交谈一些共同感兴趣的人物、事迹和问题。

少年有志于对人类做出较大贡献的康托尔,开始感受到了献身数学的内在动力。在数学、物理、化学、天文、地理、生物等自然科学中,数学是基础,是工具,是钥匙。而现在,数学中仍然有一些重大的基本问题没有得到解决,这怎能令人放心呢?自己要像希伯斯、笛卡儿、牛顿、莱布尼茨那样，做一颗科学世界中耀眼的数学之星。

但是，康托尔还不能最后做出献身数学的决定。他记住自己曾承诺满足父亲希望他学工科的愿望。对于从小就受过宗教洗礼，并在福音派新教的影响下成长起来的康托尔，要对虔诚的、慈爱的父亲背信弃义，这是残酷的、不可思议的。他经常处在深度的心理矛盾之中。能否专业学工、业余钻研数学？不，人的精力和生命都是有限的，分散精力和时间，将导致一事无成。用中国的俗话说："鱼与熊掌不可得兼。"

他向路西多尔倾诉了自己的矛盾与不安。老人家确实为康托尔的父子之情所感动。路西多尔说："康托尔，你要相信你的父亲是明智而有强烈爱心的人，他不会强制你做你不想做的事。你就把自己的想法写信告诉他，争取他的理解和支持。"

在五年级这一学年中，康托尔与父亲书信来往频繁。

起初，魏特曼仍然表示不希望儿子献身纯粹科学。后来，父亲又对康托尔选择数学研究为终身职业表示怀疑，并且警告儿子：那将长久钻入到一堆抽象、枯燥的问题中去，耗尽人生的精力和乐趣，还将陷入与论敌无休无止的斗争中去，备受敌视，并面对贫穷。

当魏特曼从儿子的一封封来信中越来越体会到康托尔献身数学的坚定信念后，便在 1862 年初给儿子写了一封表示支持康托尔献身数学的信。对此，康托尔喜悦万分，立即给父亲写了回信：

“亲爱的父亲，您能够想象到您的信带给我多么大的欢乐，它决定了我的未来。过去的日子，我一直处在困惑和迷惘中，我无法做出决定，我的愿望和我的责任感不断发生冲突。现在当我得知按照自己的愿望做出的选择得到了您的支持，我真是无比欣慰。

“亲爱的父亲，我希望有一天您将为您的儿子感到骄傲。我的心灵，乃至我的整个生命都在受到神的召唤，无论一个人企求什么，能够干些什么，也无论这一不可知的神秘声音将我引向何方，我将坚持到底，直到获得成功。”

魏特曼以极大的热情关注着儿子的事业，并且又一次强调了广泛学习各学科知识的重要性。

1862 年 8 月，学校经过毕业考试，确认六年一班学生康托尔是一个有很高天赋、发展全面的学生，在数学方面尤为突出，具备了出色的从事自然科学研究的知识储备和能力。

第三章　勤学苦练

挺进新领域

1862 年 9 月，17 岁的康托尔开始了大学生活。为了寻找他理想中的高等学府，半年多的时间内，他曾分别就学于苏黎世大学、格丁根大学和法兰克福大学。有比较才能有鉴别，他对它们的设备或师资条件都不很满意。

次年 3 月，父亲的肺结核病突然发作。康托尔回到柏林的新家中。他和姐姐索菲轮流着奔走于家和医院，照顾病危的父亲。父亲仍然关心儿子未来的事业。他希望康托尔下学年到柏林大学重新开始学习，柏林大学没有旧式大学生活中那种寻欢作乐的习气，一位名人曾说过："比起这儿的学习习气，其他的大学简直就是酒店。"那里的师资力量也很强。

1863 年 6 月，魏特曼在连续几天的咳血之后，自知自己已经快到大限。一天,康托尔按父亲的嘱咐,把家庭律师和母亲、姐姐及弟妹们叫到了病房。几个月来,律师已经按魏特曼的要求,分几次卖出了魏特曼的所有股票,其他的投资也清算交割好。魏特曼将为自己的家庭留下50万马克的遗产。这些钱将按照魏特曼的遗嘱分别用于夫人的晚年生活和子女的教育,并资助他们成家。当天晚上,魏特曼就停止了呼吸,安详地离开了人世,享年50岁。

悲痛欲绝的鲍约姆和儿女们一起,按当地的宗教仪式为魏特曼举办了丧事。

自从父亲去世后,康托尔失去了那种难得的理解和支持,不得不独自为实现自己的目标而努力。对母亲,他还得时常说些宽慰和尽责的话,因为他是长子,上面有一个尚未出嫁的20岁的姐姐,下面还有4个弟弟、妹妹,最小的弟弟康士坦丁刚刚4岁。他有时感到自己孤立无援。这时倒是亲爱的母亲鼓励他遵照父亲的意愿努力下去。

1863年秋天,康托尔到柏林大学数学系重新开始大学学习。在这所大学,他从当时的几位数学大师外尔斯特拉斯、库默尔和克罗内克那里学到了不少东西,特别是受到外尔斯特拉斯的影响而转入纯粹数学。从此,他集中全力于哲学、物理、数学的学习和研究。

外尔斯特拉斯是康托尔所在的班级的“数学分析”课程的教师。康托尔刚进校时,他只是一名老讲师,但是第二年就被破格提升为教授。

外尔斯特拉斯 1815 年出生在德国威斯特伐利亚。他在波恩大学学习了 4 年法律之后,于 1838 年转向对数学的学习,但未完成博士学位。1841 年至 1854 年在一所中学任写作课及体育课教师,与数学界没有接触,但他刻苦地研究数学,发表了几个成果。1856 年他获得了在柏林工学院讲授技术课程的职位。当年,他建立了极限论中的 $\varepsilon-\delta$ 方法,确定一致收敛性概念,这使他于同年成为柏林大学的数学讲师。

康托尔永远不会忘记听外尔斯特拉斯教授讲解关于函数极限的精确定义($\varepsilon-\delta$ 定义)的情景。在柏林大学最大的阶梯教室里,挤满了数学系一年级的新生和外系慕名而来的学生。初秋的天气虽然已有些凉意,但由于人多,所有的窗户都敞开着。教授红光满面，在黑板上写下了几行醒目的板书：

“任给 $\varepsilon>0$，总存在 $\delta>0$，

当 $0<|x-x_0|<\delta$ 时，总有 $|f(x)-a|<\varepsilon$，

则 $\lim\limits_{x\to x_0} f(x)=a$。”

教授面对着众多的学生侃侃而谈：

“过去对函数 $f(x)$ 当自变量 x 趋于 x_0 时的极限为 a 的定义，只是一种直观的定义和直观的描述。当 x 无限趋近于 x_0 时，$f(x)$ 就无限趋近于常数 a，则称 a 为 $f(x)$ 当 x 无限趋近于 x_0 时的极限。可记为 $x\to x_0$，$f(x)\to a$。

“但是，这两个‘无限趋近’仅仅是直觉，是生活中的语言，而不是数学语言。它因人们的不同理解而带有一定的随意性。

“数学不应该凭直觉。我们要致力于使数学建立在一个牢固的基础上。”

他用长长的教鞭指着板书中的一行行继续讲解：

“现在我们用两个绝对值不等式这种数学语言来表达两个无限接近。由于 ε 是预先给定的要多么小就多么小的正数，而 δ 则是可由 ε 确定的正数（一

般地说，它随着 ε 的减小而减小），这就消除了直观定义中的随意性。”

接着，他又通过一些例子说明如何具体地由 ε 的值去计算 δ 的值，如何利用 $\varepsilon-\delta$ 定义去证明 $\lim_{x\to x_0} f(x)=a$。

最后，他指出极限论对微积分理论的基础性作用。

短短的90分钟，使康托尔大开眼界。

后来，康托尔又从高年级同学的口中得到了一些有关“密斯特卡尔”（这是他们对教授的一种表示亲切和尊敬的称呼，教授本人也乐意接受）的更为详细的情况：

密斯特卡尔是一位有条理而又肯于苦干的学者。正当法国数学家柯西在由解析式表示的函数的导数和积分的基础上建立函数论的时候，他开辟了一条新的探索途径。鉴于柯西的理论建立在几何的基础上，他转而构造实数理论，这项工作约在1814年完成。之后，他在幂级数的基础上建立起有关解析函数的理论，并建立起解析开拓的方法。幂级数的技巧是他从他的老师顾德曼那里学来的。这项工作也是在19世纪40年代完成的，虽然当时他并没有发表。他在函数论的许多其他方面做出了贡献，并研究了天文学中的 n 体问题和光的理论。

很难确定密斯特卡尔的创作日期，因为当他第一次得到这些结论时发表的并不多。通过他在柏林大学的讲授，他的许多工作才被数学界知道。他的许多数学发现存在于听其讲演的学生们记下的笔记中。他非常大方地允许学生们和其他人把许多应归功于他的数学珍宝，即他所做的数学研究加以实现，并由此而享有盛誉。他关心的是对数学发展的实在的贡献，而并不担心“优先权”问题。

密斯特卡尔细心准备的讲稿，为许多未来的数学家树立了典范。“外尔斯特拉斯的严谨”成为“极仔细地推理”的同义词。他是在分析学中注入严密性的代表人物，后来被人们尊称为“现代分析之父”。他把自己杰出的数学才能和教学才能用于大学数学教学，成为世界知名的杰出的高等数学教师。

康托尔的心中充满了对密斯特卡尔的敬佩之情。他不但一堂不落地听了先生的课，而且听了先生的课外讲座。每次答疑时间，他都是必到的几位学生之一。从康托尔的层出不穷的问题中,先生发现了自己最得意的弟子。他们之间的交流渐渐多了起来。先生对他能在早年就立志献身数学而感到欣慰,但对自己花费在初等数学上的岁月并不感到遗憾。康托尔认为,先生是第一流数学家中一个杰出的例外,也从另一个方面证明了磨刀不误砍柴工,在基本技能方面反复训练的重要性。因此,在大学的学习中,康托尔特别重视虚心向老师学习,循序渐进地学习,只有这样通过勤学苦练,才能打下以后进行数学研究的深厚基础,才有可能向新的领域推进。

大学时期的康托尔处在一个相对稳定的环境之中,由于他优良的学业成绩、敏捷的思维和出众的辩才,他渐渐成了班组、年级和系里一些同学的中心。在1863年至1864年,他又连续取得了年级数学竞赛第一名。在以密斯特卡尔为导师的学生数学学会的年会上,康托尔关于"微积分简史"的综合报告得到了师生们的高度评价。在这次年会上,康托尔被选为新一任学会主席。

康托尔对数论、不定方程极感兴趣。1865年,他从一本数学杂志上看到一篇介绍中国剩余定理的文章。在中国西晋以后、隋以前(4 世纪到 7 世纪),产生了一批算术书,其中《孙子算经》《张邱建算经》等,一直流传到现在。

在《孙子算经》中有一道千古名题:卷下“物不知数”问:“今有物,不知其数。三、三数之,剩二;五、五数之,剩三;七、七数之,剩二。问物几何?”答曰:“二十三。”这是一个一次同余式组问题。用现代数学符号表示,即已知 $N=2\pmod 3=3\pmod 5=2\pmod 7$,求最小正整数 N。答案是 $N=23$。书中给出了这一问题的解法(即“术曰”)。按术文的前半段,给出本题的解

$$N=70\times 2+21\times 3+15\times 2-105\times 2=23$$

而术文的后半段,则给出这类一次同余式组

$$N\equiv R_1\pmod 3\equiv R_2\pmod 5\equiv R_3\pmod 7$$

的一般解

$$N=70R_1+21R_2+15R_3-105P(P\text{ 为正整数})$$

后人为它编了一个解法口诀:

“三人同行七十稀,

五树梅花廿一枝,

七子团圆正半月,

减百零五便得知。”

有人称这个口诀为“孙子点兵”或“韩信点兵”口诀，即令站成行列的士兵从头开始按顺序三、三报数，最后一人报上余数；再五、五报数，最后一个人报上余数，七、七报数，最后一个人报上余数。指挥官便可从三次余数中很快计算出士兵的总数来。解的这种构造性使之容易被推广到更一般的情形，即孙子的解法实际上可概括为“剩余定理”。

英国传教士伟列亚力于 1852 年著文介绍孙子“剩余定理”，引起了欧洲学者的重视。

《张邱建算经》提出了另一道数学史上的名题，通常称之为“百鸡问题”。卷下第 38 题：“今有鸡翁一值钱五；鸡母一值钱三；鸡雏三值钱一。凡百钱买百鸡，问鸡翁、鸡母、鸡雏各几何？”这是一个不定方程问题。用现代数学符号表示，若设鸡翁、鸡母、鸡雏的只数分别为 x,y,z，依题意有

$$\begin{cases} x+y+z=100 \\ 5x+3y+\frac{1}{3}z=100 \end{cases}$$

书中给出的答案是

$$\begin{cases}x=4\\y=18,\\z=78\end{cases}\quad\begin{cases}x=8\\y=11,\\z=81\end{cases}\quad\begin{cases}x=12\\y=4\\z=84\end{cases}$$

术文说:“鸡翁每增四,鸡母每减七,鸡雏每益三,即得。”实际上指出了这个不定方程的解是

$$\begin{aligned}x&=4+4t\\y&=18-7t\\z&=78+3t\end{aligned}$$

其中,t 取 0,1,2。

虽然不定方程在中国汉代的《九章算术》(公元1世纪前后成书)中已有记载,其中的“五家共井”问题比古希腊数学家丢番图提出的不定方程问题早了200多年,但一题数答却始自《张邱建算经》。这一影响一直持续至今。“百鸡问题”曾传入印度,出现在摩珂毗罗(大雄,9世纪)和巴斯卡拉(12世纪)的著作中。

康托尔看完这篇文章后,心情十分激动。当天晚上月朗星稀,他面向东方,遥望苍穹,向东方文明古国中国的数学家致敬,向勤劳的中国人民祝福。

在1865年学校数学学会年会上,康托尔首次公

开发表了两篇论文,内容是关于数论和不定方程的。依据学会的章程,主席不得连任,他辞去了主席的职位。之后,他集中全力准备自己的学位论文。

1866年12月14日,康托尔的第三篇论文:《按照实际算学方法决定极大类或相对解》,使他获得了博士学位。他的主要兴趣仍在数论方面。文中已反映出康托尔"离经叛道"的非传统观点。他认为,在数学中,提问的艺术比起解法来更为重要。的确,这是使他后来取得特殊成就的主要原因之一。

在柏林大学的学习结束了。康托尔决定留在柏林,在当时最著名的几位数学家库默尔、克罗内克和外尔斯特拉斯的指导下,从事研究工作,研究方向仍然是数论。但是,直到1869年的复活节,他的研究工作并没有取得什么大的成绩。

正当康托尔对其研究进展不大进行反思时,他在柏林大学时的朋友海涅造访鲍约姆家。海涅已移居哈雷大学,并得到讲师的职位。虽然哈雷大学在数学方面不如柏林大学和格丁根大学有名,但这正是年轻人的用武之地。海涅鼓动康托尔从不易取得新进展的数论领域撤出来,转而研究一个非常有趣、也是较为困难的问题:对任一给定的函数,判定其三角级数表示式是否唯一。海涅自己则正要结束关于三角级数方面的研究工作。

法国数学家傅立叶在1822年证明了:任何一条“相当光滑”的曲线(即至多只有有限个不连续点的曲线)均可在某一区间上表示为无穷三角级数之和。换句话说,这种“相当光滑”的曲线上的任何一点(不连续点除外)均可通过无穷多个正弦波和余弦波的相互叠加而逼近所希望的任何精度。通常称这样一个级数是收敛于该曲线或该函数的(除了在有限个点上之外),或者说该级数“几乎处处”收敛于该曲线或函数。傅立叶的结果在数学上是非常重要的。因为它表明,某些复杂函数可以用正弦或余弦之和来表示(或代替),而正弦或余弦是容易处理的。但是,为了证明这种代替是合理的,就需要有某种保证,以使收敛于该函数的这种三角级数只有一个。

在母亲的支持下,康托尔接受了海涅的邀请和建议,到柏林西南150公里远的哈雷大学任数学讲师。他的“授课资格”论文讨论的是三元二次型的变换问题,同他的博士论文一样,反映了他早期在数论方面的兴趣。哈雷大学的教职给康托尔提供了一个稳定的社会职业，并为他的数学研究提供了较为良好的条件。

康托尔勇于接受新的挑战。他很快转向了新的研究领域，不断取得新的成就，进而导致他开创了数学的全新领域。

关于函数的三角级数表达式的唯一性问题，对一些特殊类型的函数，在某些假定下已经解决。1870年，海涅发表了如下定理：

“一个至多有有限多个不连续点的函数$f(x)$，可以唯一地给出如下三角级数表示

$$f(x) \approx \frac{1}{2}a_0 + \sum (a_n \sin nx + b_n \cos nx)$$

如果这个级数满足一般的一致收敛的条件，它在区间$[-\pi,\pi]$上表示函数$f(x)$。”

由于要求级数一致收敛和函数至多除有限多个点外连续，海涅定理并不具有普遍的性质。海涅还指出，即使更有才智的数学家，包括狄利克雷、李普希茨和黎曼，虽然都在各个方向上做了很多工作，也不能最终解决唯一性问题。他们所处理的函数，总

是带有一定限制的特殊情形。

康托尔开始着手解决这个唯一性问题，问题的表达方式是如此的简洁。他决定尽可能多地取消限制，当然这会使问题本身增加难度。1870 年他获得了第一个结果：如果一个函数在某一区间上连续，则其三角级数表示为唯一的。下一步便是要放宽函数在该区间上连续这一条件。例如，假定要用三角级数来逼近的函数是这样定义的：当 $x=\frac{1}{2}$ 时，函数值为 0，而在其他各点上，函数值为 1，其图形为与 x 轴平行的一条直线。康托尔证明了：如果不要求在 $x=\frac{1}{2}$ 时级数收敛于该函数，则仍有唯一的三角级数在其他各点上收敛于该函数。不存在具有类似形式的其他三角级数逼近于该函数。他很容易地把他的结果推广到一切具有有限个不连续点的函数上。他把这些点称为例外点。

在寻找唯一性定理的更一般表述形式的研究工作中，1872 年康托尔公布了一个引人注目的发现：只要例外点在 x 轴上是按某种仔细规定的方式分布的，则可能有无穷多个例外点。在这个新结果的证明过程中，最重要的一步，是对由例外点组成的无穷集合做出精确的描述。为此，康托尔意识到，他需要提出一种令人满意的分析 x 轴上点的连续统的方法。这导致他的思想发生了重要的转变，他开始把注意力转到连续统内点的关系的问题上。

在唯一性定理的证明过程中，康托尔做出了一系列的新发现。这充分显示了他在建立自己所需要的结果方面，所具有的灵活性。也可以看出，在对深刻问题给出出人意料的非传统解法方面，康托尔确有独到之处。在对定理进行扩充时，他善于成功地利用前人的结果。在构造新模型、建立新思想方面，他极富创新精神，表现了一代数学家在解决基础问题中的卓越才能。

哈雷大学的师生从康托尔发表的一篇篇学术论文中，看到了这位青年讲师的风采。1872 年，康托尔被晋升为副教授，并开始主持哈雷大学的数学讲座，这时他年方 27 岁。

当康托尔从早期的三角级数领域转向新的研究方向时，一个新的数学时代开始了。

第四章　艰苦攀登
创建集合论

“人生得一知己，足矣！”在数学科研的崎岖小路上艰难而又孤独地长年攀登的康托尔，对这句中国式的俗话有着深刻的理解。

但是，1874 年 8 月，通常非常吝啬的时间老人却一下子给康托尔送来了两位人生难得的知己——一位是爱情、家庭生活中的伴侣古德曼，另一位是数学研究事业中的战友戴德金。

在森林苍翠、绿草如茵、气候凉爽的哈茨山区，做新婚蜜月旅行的康托尔夫妇心旷神怡。他们时常回忆起初识以来半年多的往事，不禁产生前世有缘、天作之合的感慨。

母亲的一再催促，使康托尔在年初与姐姐索菲介绍来的姑娘古德曼在柏林的一家咖啡馆见了面。

岂料,他们二人一见钟情。古德曼是位漂亮而又温柔的女子,比康托尔小5岁,中学毕业后在家中帮母亲干家务,对文学特别是莎士比亚戏剧特别喜好。她举止文雅,谈吐大方,悦耳的声音如清泉流淌,给康托尔一种身心放松的感觉。整个寒假期间,他们差不多天天见面,亲密畅谈。倘若一日不见,则有如隔三秋之感。她多次表示理解和支持康托尔的事业,愿意为之负担一切重任。康托尔认为,既然"古德曼作为康托尔夫人"的充分必要条件都已具备,这一寻寻觅觅的求证式的"恋爱"过程便可结束。因而在返校之前,康托尔便高效率地完成了求婚、订婚的通常程序,并定于仲夏时节结婚。

鲍约姆和索菲对这桩婚事深表满意。特别是母亲似乎已经预见到,古德曼一定会像自己一样安心且有能力相夫教子,让康托尔无后顾之忧,集中精力,成为世界的数学之星。

在与古德曼交往的这个学期之中,康托尔以前所未有的高涨情绪投入到教学和科研工作之中,并取得了令人瞩目的成就。校长认为康托尔在学术界为哈雷大学增光添彩,校方应给他以关照,既留住人才又鼓励后学。在康托尔的婚期之前,校总务部分配给他一栋两层教授小楼的第二层,包括两个卧室、办公室、会客室及餐厅、厨房等,设施齐全。

在几次通信商议中,康托尔完全同意母亲、姐姐和未婚妻的意见,由她们在柏林选购一批中档家具,用两辆卡车运到哈雷大学的教授住宅区。鲍约姆按丈夫生前的意愿,在长子成家时给予了大力资助。

康托尔夫妇双方的亲戚、挚友参加了他们的宗教仪式的婚礼以及在柏林大酒店举行的结婚宴会。第二天,这对幸福的新婚夫妇便携手踏上了蜜月之旅,来到了哈茨山区。

两人住在森林度假村的高级别墅中,过着难得的幸福美满的日子。太阳都升得老高了,他们才从梦乡中醒来,洗漱之后用完简单的早点,便草草地翻阅一下当天的日报。然后就去森林里散步,微风吹拂,鸟唱虫鸣,花香袭人,流水潺潺……他们在这个二人世界里,互诉衷肠,畅所欲言,打开心扉,相随相知……创业养家,相夫教子,恩恩爱爱,百年偕老……他们在编织着美好爱情、幸福生活的未来之梦。午餐一般都比较迟,小憩之后,各自翻阅一下流行的文艺、美术、生活杂志后，他们便双双来到游泳池，或游或歇……看着一对对情侣像鲜花绽放似的笑脸、阳光下一串串珍珠般闪光的水珠，听着缠绵的话语、欢快的笑声以及凑热闹的蝉鸣声，康托尔夫妇真有身临仙境、坠入爱河的梦幻般的痴迷。至于晚宴之后的音乐会、舞会更是妙不可言，他们在这里结识了一些新朋友，尽管是萍水相逢，由于都自视为白马王子、白雪公主，都认为沾有仙子、仙女之气，便都像老朋友一样热情相对，以礼相待。唱要唱个舒畅，跳要跳个心欢……晚会常常直至午夜。然后便个个如醉如痴、心满意足地回到各自的房中，草草冲个凉，就迷迷糊糊地进入了新的梦境。

半个月之后的一个中午，红光满面、精神焕发的康托尔正和古德曼在林荫小径上漫步。古德曼突然问道："先生，现在几点钟了?"康托尔抬手看看表："对不起，太太，昨天忘了上发条，表停了。"他向周围环视一下，指着东边对她说："你看，小溪边正好有个人，我去对对表，你在这里等一会儿。"

不一会儿，古德曼见丈夫与那人手挽手走了回来。康托尔兴高采烈地介绍："我的朋友，戴德金教授。"古德曼施礼说:"您好,教授!""我的夫人,古德曼。"戴德金连忙向古德曼问候:"您好,康托尔夫人。"

为对表,在哈茨山区第一次与戴德金会面,这巧中之巧,为康托尔的蜜月旅行增添了新的内容,也使他提前从温柔之乡返回到脑力拼杀的战场。

戴德金,1831 年出生于德国的布伦瑞克,曾就学于格丁根大学,1854 年起在该校任教。1858 年至 1862 年在瑞士的苏黎世工学院任教授。

什么是连续的本质?从古希腊的柏拉图和亚里士多德开始,经过伽利略和莱布尼茨,直到波尔查诺,都有不尽相同的理解。19 世纪初期,人们基本上把有理数的致密性理解为直线的连续性,这当然是不正确的。

1872 年,戴德金出版了《连续性和无理数》一书,它以有理数为基础,用崭新的方法定义了无理数,建立了完整的实数理论。戴德金的无理数定义是在对几何直线分划的启发下得出来的。他发现:把直线上的所有点分成两类,使其中一类的每一点都位于另一类中每一点的同侧,则存在一点而且只有一点产生出这种分划。这是直线的连续性的本质表现。这样的分划对有序的有理点是不成立的。这就是说，直线上所有的点能构成连续统，而所有的有理点不能构成连续统。直线的连续性在戴德金的著作中是作为一条公理来使用的。这样，只要用某种方法填补有理数域，使之能同直线上的点一一对应，则数的连续性就建立起来了。戴德金应用“分划”定义了有理数和无理数，并把二者合称为实数。接着，他又在实数系内进行类似的分划，结果发现并不产生新数，且同直线上的点的分划完全一致。于是根据“实数同直线上的点一一对应公理”，便得出实数连续的结论。至此，建立在极限概念基础上的数学分析才有了牢固的基础。

戴德金不是唯一的详细研究连续域性质的人。也是在 1872 年，康托尔在一篇文章中，用一章的篇幅专门讨论实数问题，特别是无理数问题。他为自己提出了一个目标，在不预先假定无理数存在的条件下，建立一个令人满意的无理数理论。显然，有理数的全体为此提供了一个基础。康托尔用有理数的无穷序列 $\{a_n\}$ 来定义无理数及它们之间的顺序关系。

真是“英雄所见略同”，康托尔把下述见解看作一个公理：对于连续直线上的任何一点，都有一个数与其对应。对于每一个实数，都恰有连续直线上的一点与其对应。因而，描述直线上的点的连续统问题，与定义实数及研究其性质的问题是等价的。康托尔对这些性质做了精确阐述。

康托尔把自己的上述文章寄给了戴德金，作为答谢，戴德金将自己刚发表的《连续性和无理数》寄给康托尔，他们两人之间开始了友好的思想交流。戴德金比康托尔年长 14 岁。虽然直到 1872 年戴德金才发表关于连续性和实数的文章，但事实上他早已发现了实数的连续性。他和受到分析基础危机影响的大多数数学家一样，一直致力于分析的严格化。1858 年，在一次关于微积分原理的演讲中，他提出了著名的“戴德金分割”。同年 11 月，他在笔记上记录了实数连续性的发现，并宣称，在这一发现过程中他给出了连续性的确切定义。如康托尔在唯一性定理的证明过程中所指出的，戴德金认为，极限、连续和实数连续统的算术理论之间有着重要联系。

如果考虑一段直线上相对应于有理数的那些点

(即有理点)的分布,则无论这段直线多么短,其上均有无穷多个有理点。戴德金的文章的要点在于,尽管一段直线上的有理点是很密的,但仍有余地在其上容纳无穷多个无理点。诸如$\sqrt{2}$之类的无理点是分布在有理点之间的,尽管有理点很密,但仍然满布着“孔洞”,所以是不连续的。这种说法与人们对连续性的正确理解是不矛盾的,但包含了一个严重的弱点,如果有人问戴德金:连续统上的无穷点集究竟比有理数的无穷点集密多少?戴德金便无法回答。而康托尔通过自己的艰苦努力,解决了这一问题。

实际上,康托尔借用了伽利略引用过的一个悖论:如果数学中容许完全无穷集合的话,则偶数的个数必定与偶数和奇数合起来的个数一样多。每一偶数均可唯一地对应于大小为它的一半的整数,这样就在一个集合的每一元素和另一个集合的每一元素之间建立起了一种一一对应的关系。康托尔把“伽利略悖论”变成了一种比较无穷集合大小的方法。如果在两个集合的元素之间可以建立某种一一对应的关系,则这两个集合就定义为等势的。康托尔认为,这种一一对应关系是一种很自然的比较大小的方法。例如,想象一个装满了黑色弹子和红色弹子的桶,要比较一下这两种弹子数目的多少,最简单的方法就是把弹子成对地(一红一黑)从桶中取出来,如果每个弹子都可与另一种颜色的弹子配成对,则这两个弹子集合就是等势的;否则,桶中所剩下的弹子就是比较的基。

康托尔用这种对应原则,证明了曾被伽利略看作悖论的性质,实际上是无穷集合的一种很自然的性质。

偶数集合与正整数集合(即偶数与奇数合在一起)是等势的,因为这两个集合的元素之间的配对可以永远进行下去,而不漏掉每个集合中的任一元素。虽然表面上看来整数的个数比偶数的多,实际上这两个无穷集合却有着同样多的元素。

许多其他的无穷集合,也可与整数一一对应,实际上就是可用整数来计数。这类集合被称为可数集。例如,形如 $10^9 \cdot \mathbf{N}^2$($\mathbf{N}$ 为正整数)的数所组成的集合(如图 1)。

N	1	2	3	4	5	6	…
	↕	↕	↕	↕	↕	↕	
2N	2	4	6	8	10	12	…
N	1	2	3	4	5	6	…
	↕	↕	↕	↕	↕	↕	
$10^9 N^2$	10^9	4×10^9	9×10^9	16×10^9	25×10^9	36×10^9	…

图 1　关于可数集

由有理数(即可以表示为两个整数之比的数)所组成的无穷集合,从直觉上看,似乎比整数集合要大得多。例如,在任何两个相邻整数(如 0 与 1)之间,有无穷多个有理数。然而,有了偶数集合与整数集合等势这些例子,康托尔认为不能相信直觉,而必须寻求理论上的证明。无穷有着它自己的不同于有限的特殊性质。

康托尔苦苦地思索,寻求着论证有理数集合与整数集合能否一一对应的途径。仰望星空,星罗棋布,得不到什么启示。在哈雷大学的球场上来回踱步,横走、竖走、斜走,也理不出什么线索。有一天子夜,在摇曳的烛光中,康托尔的视线偶然落到了卧室墙上的一面镜框上,那是姐姐为他制作的用来保存他在中学一年级得奖的那幅刺绣图案的……心有灵犀一点通，他的眼前一片光明。他悟出了一种机智而精巧的证明方法。每一个可能的有理数均可列入图2所示的方阵中，只要顺着图中箭头所示的路线追踪下去，就可使得每个有理数均同某个整数对应起来，如：$1\leftrightarrow\frac{1}{1}$，$7\leftrightarrow\frac{1}{4}$，$20\leftrightarrow\frac{5}{2}$，…

康托尔证得的结果，似乎与人们的直觉大相径庭；直线上的有理点是很密的，而整数点是比较稀的，这两个集合竟具有相同的大小！这一结果是惊人的，而更惊人的还在后面。

一般认为，集合论诞生于1873年年底。1873年11月，康托尔在给戴德金的一封信中提出了一个问题，这个问题使他从以前关于数学分析的研究转到了一个新的方向。他认为，有理数的集合是可数的(图2)。但是，他不知道，对于实数集合，这种一一对应是否能做到。他相信不能有一一对应，然而他"讲不出什么理由"。不久之后，他承认自己"没有认真地考虑这个问题，因为它似乎没有什么价值。"接着，他又补充一句："要是你认为它因此不值得再花费力气，那我就完全赞同。"

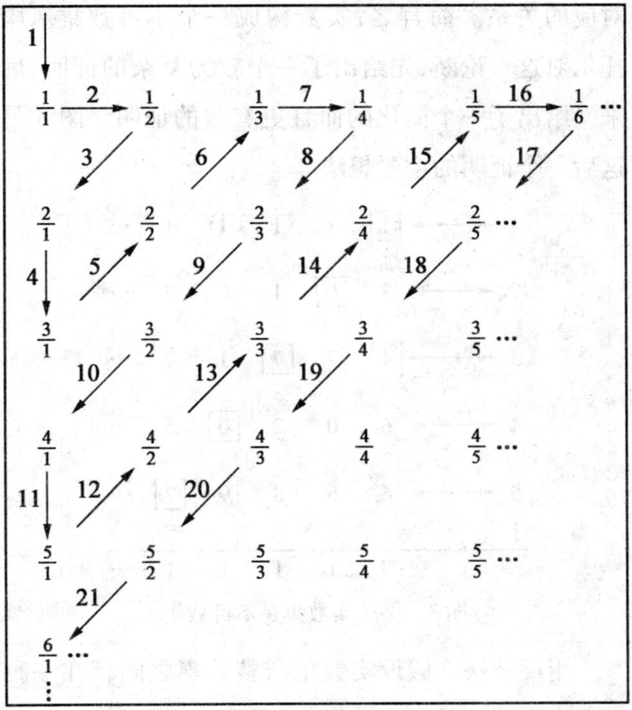

图 2　关于有理数集是可数集

可是,不久康托尔又考虑起集合的映射问题来。很快,他在同年 12 月 7 日又写信给戴德金,说他已经能成功地证明实数的“集体”是不可数的。他证明了:在整数集与直线上的点集之间,不可能存在一一对应的关系。简言之,实数构成一个不可数集。康托尔对这一论断,先给出了一个较为复杂的证明,后来又给出了一个简化的而且更有效的证明。图 3 是这后一个证明的主要想法。

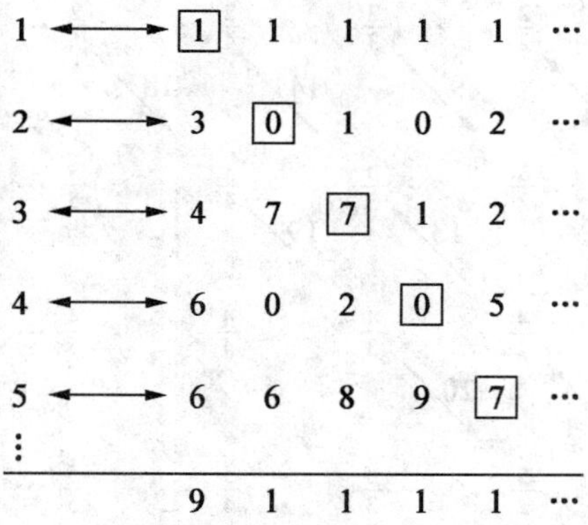

图 3　关于实数集是不可数集

用反证法。假设实数集与整数集之间存在一种一一对应的关系。不妨仅考察 0 与 1 之间的实数,假如这个实数集比整数集大,则全体实数的集合也比整数集大。因此,假定 0 与 1 之间的实数可以与整数一对一地配对。建立这样一种一一对应关系,相当于将实数列于一张表上,每个实数由一个无限十进小数来代表(如 0. 500 0…之类的无限小数要用等价的无限小数0.499 9…来表示)。然而,可以定义出一个新的不包含于该表内的0与1之间的实数。其方法如下:如果表中第一个实数的小数展开式的第一位数字是1,则新小数的第一位数字就规定为9,否则就规定为1。类似地,用与表中第二个实数的第二位数字不同的数字,来做新小数的第二位数字……如此继续下去。这样构造出来的这个新定义的数,必定与表中所列出的每一个实数至少有一个小数位上的数字不同,但它仍然是0与1之间的一个实数。这样,认为实数可与整数一一对应的假设就导致了矛盾的结果,因而应当否定这个假设。这个证明中所体现的主要思想方法,被称为对角线法。

准确地说,1873年12月7日可以看成集合论的诞生日。戴德金立即复函,热烈祝贺康托尔取得成功。

康托尔还成功地证明了代数数的集合是可数的。所谓代数数,就是整系数代数方程的根,如$\sqrt{2}$,$\sqrt{5}$等;否则,为超越数,如π,e等。1847年,法国数学家刘维尔就通过构造的方法(当时大家认为这是唯一可接受的方法)证明了超越数的存在,也就是具体造出超越数来。康托尔在1874年发表的第一篇集合论论文《论所有实代数数的集合的一个性质》中断言,所有实代数数的集合是可数的,所有实数的集合是不可数的。因此,非代数数的超越数是存在的,并且其总数要比实代数数多得多,也就是说,超越数的集合也是不可数的。康托尔的这种证明是史无前例的。他连一个具体的超越数都没有举出来,就说超越数存在,而且比实代数数的"总数"多得多。这引起当时一些数学家的强烈的怀疑甚至愤怒。

其实,康托尔的论文主要是证明无穷之间也有差别,即存在可数的无穷,也存在那种像实数集合那样不可数的、具有"连续统的势"的无穷。此前,数学家认为靠得住的只有有限,而无穷最多只是模模糊糊的一个记号∞。而康托尔把"铁板一块般的无穷"分成许许多多"层次"。这在有些人看来简直太玄乎了。

随着实数不可数性质的确立,康托尔的头脑中又产生了一个新的问题:能否建立平面和直线间的一一对应?1874年春,在柏林与古德曼订婚时期,康托尔向他的数学界的朋友们提出了这个问题,人们对它的荒谬感到惊奇,因为他们确信,两个独立变量不可能化归为一个。1 月 5 日,康托尔写信给戴德金,第一次提出这个问题。戴德金没有仓促作答。这是康托尔向戴德金提出的第二个重要问题:“是否有可能使一个面(大概是一个包括其边界在内的正方形)上的每一点都有一条直线(大概是包括其端点在内的一个区间)上的一点与其对应,并且反过来也一样?”虽然康托尔认为答案必定是否定的,却提不出任何理由来证明他的想法,戴德金同样也无法证明这个想法。

这年夏天,康托尔与古德曼在哈茨山区度蜜月时期,偶然与戴德金相遇,这是他们在书信往来数年之后的第一次会面。他们一起度过了一段快乐时光,并就某些重要的数学问题进行了探讨。在康托尔最富创造力的时期,戴德金给予他以极大的帮助和影响。数学史上称“实数同直线上的点一一对应”为“康托尔 - 戴德金公理”,就是对他们的共同贡献的肯定。

对于从 11 岁就开始离开家过寄宿学校生活的康

托尔来说,18 年来很少有机会重温家庭生活。婚后,康托尔的生活方式完全改变了。先是与古德曼共享二人世界的花前月下、美酒佳肴、访亲会友、琴声歌声,以及心心相印、相亲相爱……一年之后,便是添了个小宝宝之后的三人世界的忙乱与兴奋。不久,母亲从柏林来帮助照顾孙子,使得手忙脚乱的康托尔体会到了在这个三代同堂的家中,要同时当好儿子、丈夫和父亲种种角色的酸甜苦辣。康托尔不得不暂停教学之外的研究工作。但是,有关对应问题的思考还不时萦绕在他的脑海之中。

1877 年,康托尔给戴德金写信,再次提出了三年前的问题,并且宣告了一个惊人的消息:与数学上流行的看法相反,直线与平面之间的一一对应关系并非是不可能的。证明的方法是:把正方形上的每一点用一对无限小数来表示,每一小数的数字可以分成组,小数展开式中每一个不为零的数字,连同其前面的零(如果有的话)构成一组;然后把两个小数中的各组数字依次轮流写下,使其合成一个无限小数,这小数即代表直线上的一点;整个过程也可以反过来。类似地,可以证明:任何一个有限空间中的点的集合,与直线上的点的集合是等势的。

康托尔真的证明了平面上的点与直线上的点之间的一一对应(图4)!但对于这个出人意料的结果,他毫无思想准备,以至于在给戴德金的信中惊呼:“我看到了,但我简直不能相信它!”一种神奇的力量竟然使一个单一坐标就能唯一地确定 n 维连续空间的一个元素!

但是,戴德金很快回信告诉康托尔,他发现了证明中的一个漏洞。为了防止两个相同的值 x 对应两次,不得不附加一个限制,在某个指标后面全是0时不允许对应,不然的话同一个数 x 就会有两种表示,如

$$x=3.000\cdots$$

$$x=2.999\cdots$$

而只有0除外。在康托尔所说的情况下,平面上的点与直线上的点之间的一一对应显然是不完全的。康托尔马上承认了这一错误,他寄了一张明信片给戴德金并附言说:“你的发现完全正确,但幸运的是这一错误仅仅影响到证明本身而无损于结论。”两天以后,康托尔给出了修改后的证明,但十分复杂。

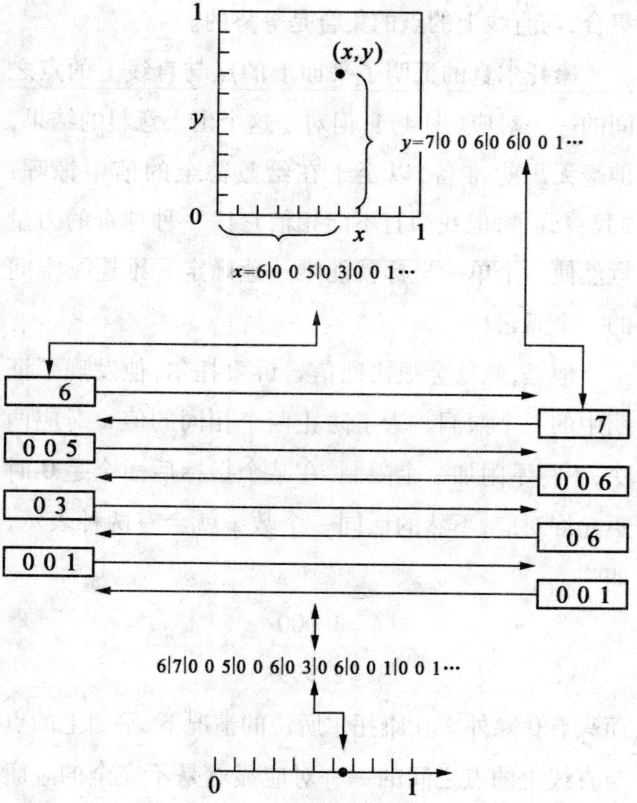

图 4　关于平面上的点与直线上的点的一一对应

康托尔善于发现和提出重大的数学问题：既然平面上的点和直线上的点能够一一对应，似乎不必坚持非要给出一个关于空间维数的定义不可。先前,他像大多数同时代的数学家一样,始终认为任何 n 维空间的元素要由 n 个独立的实数坐标来确定,并把这一假定作为必要的前提加以使用。根据自己的新发现,康托尔告诫大家:“所有使用这一错误假定的,无论是哲学的还是数学的推理,都是不能允许的。”

戴德金对康托尔的新发现表示了祝贺,并对他的仓促和不够成熟提出了批评和忠告。

经过了半年多的焦急、愤怒的等待后,康托尔的论文《集合论》终于在 1878 年发表于《克莱尔杂志》上。在《集合论》中,康托尔首先讨论的是由所有可数集合构成的类的性质。这是一个极其丰富的类,不仅包括有理数集、代数数集,还包括他 1872 年曾作为第 n 类集合描述的那些集合,而且一般来讲,还包括任何以自然数为脚标的简单无穷序列和 n 重序列。由正整数构成的集合的势是所有无穷集的势中最小的。但康托尔感兴趣的不是那些稠密的、处处不连续的集合,而是所谓的 n 维连续空间,重点在于对它们的势的研究。

究竟什么是可以作为空间维数的基本特征的性

质呢？这是问题的关键。康托尔给出了如下一个惊人的结果：通过一个单个的实数坐标 t，完全可能唯一地确定一个 n 维连续空间的元素的、独立的、连续的实数坐标的数目，可以是任何一个数，因此它不能作为一个给定空间的唯一特征。

《集合论》中提出的问题涉及包含在任何实数连续统中的各种无穷集，以及如何按照势来区别它们。由于任何连续域，无论其维数如何，都可以认为它与一个线性连续点集等势，因此有关连续性的研究可以归结为对实数连续统 **R** 的研究。于是，线性点集的特征就成为康托尔下一步研究的中心课题。

康托尔后来通过集中于线性连续统的特性的研究，在较短的时间内取得了超穷数和集合论理论的重要进展。

如果说三角级数的文章中包含了超穷数和集合论思想的萌芽，那么，关于维数的文章就是向发展一个独立的集合理论的过渡。

康托尔在数学界的影响日益加深。1879 年，他被晋升为哈雷大学教授。他以自己的辉煌业绩进入了一生中事业的巅峰时期。

两年之内,他向学生开设了四期集合论讲座,并写成了《关于无穷的线性点集》系列文章的前四篇,分别发表于1879年、1880年、1882年和1883年。它们直接建立了集合论的一些重要成果,还涉及一些有关集合论在分析中的饶有趣味的应用。

系列文章的第一篇发表在《克莱尔杂志》上,康托尔向不大熟悉他早期工作的读者介绍了一些基本概念,重点讨论的是后来运用到连续性分析中的分类法。他借助导集的特性对无穷集进行分类,并强调,导集概念在最简单,也是最完全地说明连续统的性质方面,是非常重要的。

康托尔将有穷的或无穷的数的全体称为一个数集。相应地,直线上一个有穷的或无穷的点的总体被称为一个点集。

定义:一个点集 P 的极限点是指直线上的这样一个点,它的任何一个邻域都有无穷多个 P 中的点。这个极限点本身可能属于 P。

容易证明,一个包含无穷多个点的有界点集至少有一个极限点。这一结论是波尔查诺－外尔斯特拉斯定理。根据这一定理,康托尔指出,对于给定的

一个点集 P,任何一个直线上的点,或者是 P 的一个极限点,或者不是。任何一个无穷有界点集 P,总存在一个极限点的集合,康托尔用 P' 表示,并称之为"点集 P 的一阶导集"。如果 P 是直线上的所有与有理数对应的有理点的集合,则 P' 就是直线上的所有与实数对应的点的集合。如果 P' 是一个无穷点集,可建立 P 的二阶导集 P'',继续下去,直到建立 P 的 r 阶导集 $P^{(r)}$。对于某个充分大的 r,其导集 $P^{(r)}$ 为空集的那些集合 P 的整体,被称为第一型集。对于任何有穷值 r,$P^{(r)}$ 不空的那些集合 P 的全体,被称为第二型集。

定义:设集合 P 部分或全部包含于区间(α,β),如果(α,β)的任意子区间(ν,δ)中都含有 P 中的点,则称 P 在区间(α,β)中是处处稠密的。

康托尔指出了处处稠密集合和导集之间的联系。一个集合 P 的一阶导集 P' 包含区间本身时,则 P 在区间(α,β)中是处处稠密的。进一步,处处稠密集必定是第二型集,第一型集不可能是处处稠密的。

康托尔阐明的点集的第二个重要问题是,按照集合的势对它们进行分类。他挑选了两种特殊情形：可数集——它们的势是自然数集 **N** 的势；连续统或不可数集——它们的势是实数集 **R** 的势。无穷可数集包括自然数集、有理数集和代数数集，所有第一型集也是可数集。但可以证明，有理数集和代数数集是处处稠密的，因此第二型集也可能是可数的。作为不可数集的例子，他提出：任何一个除去了一个可数无穷点集的连续区间是不可数的。

第二篇系列文章是一篇短文。除了继续讨论第一篇文章中提出的一些问题外，还试图澄清在线性点集领域中的一些旧概念，并且第一次大胆引进了最具独创性的发现——“超穷数”。康托尔指出，第一型集可由它们的导集完全刻画，而第二型集却不能。因此必须考察它们更深刻的性质，必须发展一种更精细的技术用来处理第二型集。

第三篇系列文章，超出了线性点集的限制，为了得出一些有价值的结论，他将前两篇文章中的一些结果推广到高维域。导集、势、处处稠密等在任意维数的域中都有相应的概念。文章将势的概念推广为更一般的良定义集的属性来考虑。

定义：任何域上的一个集合被称为良定义的，如果它的元素在这一定义和排中律的基础上被认为是本质上确定了的,同时,任何属于同一概念范围的对象是否属于这一集合,以及两个形式上不同的对象是否彼此相等,都是本质上确定了的。

所谓“本质上确定了的”含义,他解释说,这是以“完善的方法”为前提的。例如,1882 年林德曼对于 π 不是代数数的证明就是“完善的方法”,而代数数的集合是本质上确定了的。又如,就目前的知识而言,还不能完全刻画满足费尔马定理的那些数的集合,但这也是本质上确定了的。

势的概念——作为特殊情形,它包括作为数论基础的整数概念——应当看成集合的最一般的特征,决不应把它局限于点集范围,而应作为每个定义集的属性来考虑,无论这个集合所包含的元素可能具有什么概念性的特性。

对一般的点集,康托尔重申,无论它的维数是多少,其势都可以只用线性点集的势来确定。他认为:“势的概念是一个伟大的统一者。”“如果仅仅坚持数学特性,而撇开其他的概念特性,这里所给出的集合理论,包括算术、函数论和几何,它们被势的概念统一在一起。从而能够以相同的观点、相同的标准来考虑连续和不连续的问题。”

康托尔集中讨论了无穷集合的势，给出如下几个定理：

定理1：一个可数无穷集的每个无穷子集仍是可数无穷集。

定理2：有穷个或可数个无穷集仍是可数集。

定理3：在一个 n 维的、无穷的连续空间 A 中，假设无穷多个 n 维的、连续的子域(a)被确定，它们彼此不相交或至多接触到边界，则这些子域的总体总是可数的。

第四篇系列文章，专门讨论了新集合论在函数论方面的一些应用。他引进了孤点集的概念：一个集合被称为孤点集，如果它不含任何极限点。康托尔得出如下定理：

定理1：任何孤点集是可数的。

定理2：如果点集 P 的导集 P' 是可数的，则 P 本身也是可数的。

定理3：任何第一型的第 n 类点集是可数的。

此外，还给出另外3个涉及第二型点集是否可数的定理。

康托尔教授像他所崇拜的“密斯特卡尔”那样，是一位深受学生欢迎的高等数学教师。他乐于把自己的新发现、新成果传授给学生。他细心地准备哈雷大学数学讲座上的每一次讲稿，力求做到系统全面、深入浅出、便于学生接受，而不同于学术论文。

在哈雷大学的大阶梯教室里，每一期有关新集合论的讲座都吸引了众多的学生。这年秋季，康托尔发现一位特别引他注意的女学生。她长得端庄漂亮，穿着朴素大方，比其他女学生似乎多了不少成熟之美。每次她都坐在第一排，专心地听讲，认真地做笔记。她那双大眼睛似乎告诉教授，她对讲座的内容非常感兴趣。见到大黑板写满了，她会自然地上前去擦。下课了，她常忙着在笔记本上补记点什么，并不忙着离开。有一次，康托尔走到她桌前，她连忙站了起来，有礼貌地说：“您好，教授！”康托尔说：“我感谢你，总帮我擦黑板。”她红着脸答道：“我乐意为您做点事，教授。”康托尔让她坐下，自己也坐了下来。通过简短的交谈，他知道了这位女生是新生，来自 X 镇，叫尤丽。她的爸爸开了一个旅馆，叫希尔伯特旅馆，自称拥有无穷多个房间……康托尔听着她娓娓道来的神话般的故事，他想，眼前这位浑身透着灵秀的聪明的姑娘，也许会成为他最得意的弟子之一。

转眼冬天来临。这是一个星期日的上午，第一场大雪正在窗外飘扬。自习室内只有几个学生在用功。尤丽坐在壁炉旁的桌子边，开始复习和整理有关集合论的笔记。她是一位在家中习惯了帮助父母亲干活的女孩，在这里她也不时顺手往壁炉里扔一两块劈柴。望着红红的炉火，她发现康托尔教授的集合论把她引入了一个新的世界——

"可以举出许多集合的例子。例如，一间教室里学生的集合，一个平面上所有三角形的集合，数 1，2，3，4，5，6 所构成的集合等。用$\{1,2,3,4,5,6\}$表示数 1，2，3，4，5，6 构成的集合。1，2，3，4，5，6 被称为该集合的元素，或说属于该集合，'属于'用'$\in$'表示，比如$2\in\{1,2,3,4,5,6\}$，但是$8\notin\{1,2,3,4,5,6\}$，'$\notin$'表示'不属于'。

"数 1，2，3，…被称为自然数。用 **N** 表示所有自然数的集合$\{1,2,3,\cdots\}$，因此，$2\in\mathbf{N}$，$5\in\mathbf{N}$，但$-2\notin$

$\mathbf{N}, \frac{2}{3} \in \mathbf{N}, \sqrt{3} \notin \mathbf{N}$。

“数…，-3，-2，-1，0，1，2，3，…被称为整数。用 **Z** 表示所有整数的集合$\{\cdots, -3, -2, -1, 0, 1, 2, 3, \cdots\}$，所以，$3 \in \mathbf{Z}, -2 \in \mathbf{Z}, \frac{2}{3} \notin \mathbf{Z}, \sqrt{2} \notin \mathbf{Z}$。

“可以定义有理数$\frac{p}{q}$($p \in \mathbf{Z}, q \in \mathbf{N}$，且 p 和 q 互素)，由所有有理数组成的集合，被称为有理数集合 **Q**。

“除了有理数之外，还有$\sqrt{2}, \sqrt[3]{5}$，ln，π 等数，它们被称为无理数。有理数和无理数统称为实数，实数集合用 **R** 表示。

“定义一个集合，也就是讲清楚哪些元素属于这个集合。

“两个集合 A，B 只有包含的元素相同时，才能被称为恒等(或相等)，用 $A = B$ 表示。

“外延公理：$A = B$ 当且仅当 A，B 具有相同的元素。如果用‘$\forall x$’表示对于所有的 x，用‘$\leftrightarrow$’表示‘当且仅当’，那么外延公理可用符号表示为

$$A = B \leftrightarrow \forall x[x \in A \leftrightarrow x \in B]$$

由这个公理,可知

$$\{3,4,5\}=\{4,3,5\}$$

$$\{2,3\}\neq\{3,4\}$$

“两个集合 A,B,如果 A 包含在 B 之中,则把 A 称为 B 的子集,用 $A\subseteq B$ 表示。如果用符号表示,就是

$$A\subseteq B\leftrightarrow\forall x[x\in A\rightarrow x\in B]$$

$[x\in A\rightarrow x\in B]$表示如果 $x\in A$ 则 $x\in B$,也就是说,如果 x 是 A 的元素,则 x 也是 B 的元素。有时 $A\subseteq B$ 也可用图来表示(见图 5)。

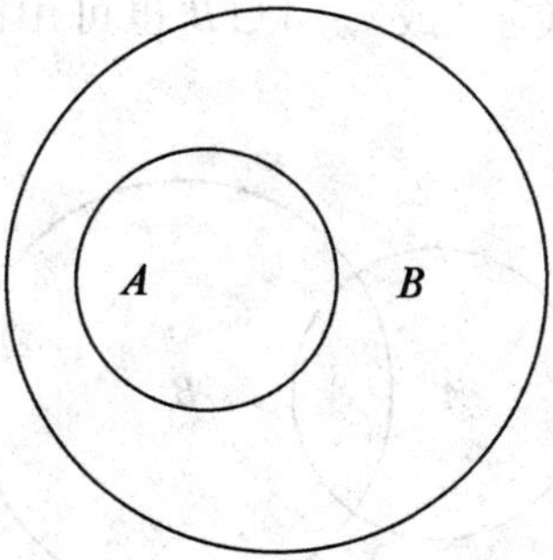

图 5

“例如,$\{2,3\}\subseteq\{1,2,3\}\subseteq\{1,2,3,5,7\}$,$\mathbf{N}\subseteq\mathbf{Z}$,$\mathbf{Q}\subseteq\mathbf{R}$。

"$\subseteq$有下列性质：

(1)$A\subseteq A$；

(2)$(A\subseteq B\wedge B\subseteq C)\rightarrow A\subseteq C$；

(3)$(A\subseteq B\wedge B\subseteq A)\rightarrow A=B$。

这里的'$\wedge$'表示'与'或'且'。

"如果$A\subseteq B$且$A\neq B$，那么A就被称为B的'真子集'，记作$A\subset B$。

"A和B的并集$A\cup B$表示A中的所有元素和B中的所有元素合并在一起所构成的集合，定义为

$$A\cup B=\{x\mid x\in A\vee x\in B\}$$

这里的'$\vee$'表示'或'。$A\cup B$也可用图来表示(见图6)。

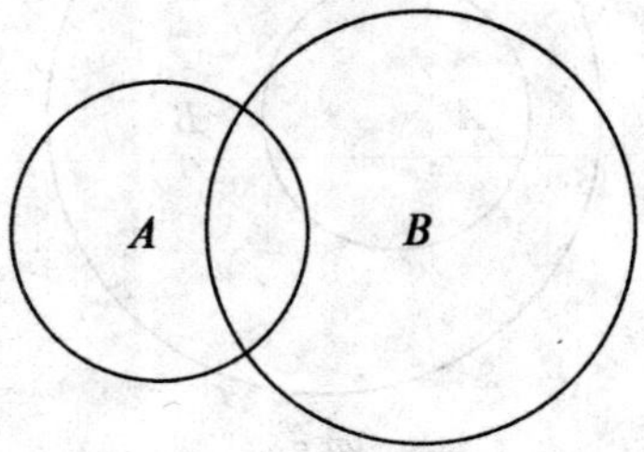

$A\cup B$

图6

"例如，$\{1,2,3\}\cup\{1,3,5,6\}=\{1,2,3,5,6\}$；

$\{1,2\} \cup \{1,2\} = \{1,2\}$。

"$\cup$可以看成一个运算,具有下列性质:

(1)(幂等性)$A \cup A = A$;

(2)(交换性)$A \cup B = B \cup A$;

(3)(结合性)$A \cup (B \cup C) = (A \cup B) \cup C$;

(4)$A \subseteq B \leftrightarrow A \cup B = B$。

"A 和 B 的交集 $A \cap B$ 表示 A 与 B 的公有元素所构成的集合,定义为

$$A \cap B = \{x \mid x \in A \text{ 且 } x \in B\}$$

$A \cap B$ 也可用图来表示(见图 7)。

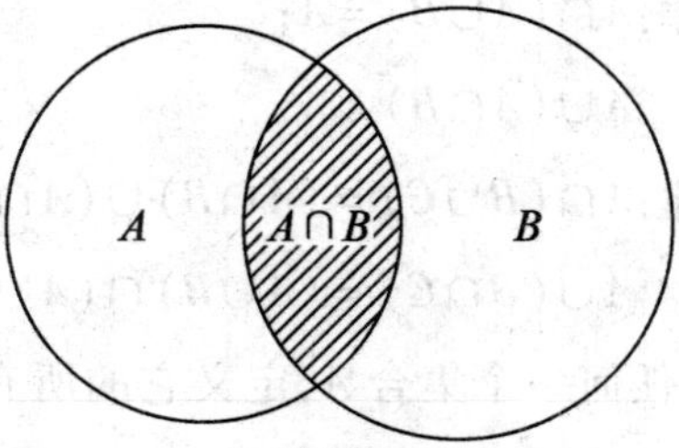

$A \cap B$

图 7

"例如,$\{1,2,3\} \cap \{2,9\} = \{2\}$。

"如果两个集合没有公共元素,则交集中一个元素也没有。这种一个元素都没有的集合被称为空

集，用$\varnothing$表示。例如，$\{1,2,3\}\cap\{6,9\}=\varnothing$。

“对于所有集合A,B,C，运算$\cap$具有下列性质：

(1)（幂等性）$A\cap A=A$；

(2)（交换性）$A\cap B=B\cap A$；

(3)（结合性）$A\cap(B\cap C)=(A\cap B)\cap C$；

(4)$A\cap\varnothing=\varnothing$；$A\cap B\subseteq A$，$A\cap B\subseteq B$；

$A\subseteq B\rightarrow A\cap C\subseteq B\cap C$；

$(C\subseteq A\cap C\subseteq B)\leftrightarrow C\subseteq A\subseteq B$；

$A\subseteq B\leftrightarrow A\cap B=A$。

“对于$\cup$和$\cap$，还满足下列规律：

吸收律：$A\cap(A\cup B)=A$；

$A\cup(A\cap B)=A$。

分配律：$A\cap(B\cup C)=(A\cap B)\cup(A\cap C)$；

$A\cup(B\cap C)=(A\cup B)\cap(A\cup C)$。

“对于任何一个集合A，定义它的所有子集合所构成的集合为A的幂集合，记作$P(A)$。例如：

(1)空集$\varnothing$只有一个子集合，即$\varnothing$本身，所以$P(\varnothing)=\{\varnothing\}$；

(2)一个元素的集合有两个子集，即$\varnothing$和$\{a\}$，所以$P(\{a\})=\{\varnothing,\{a\}\}$是两个元素的集合；

(3)两个元素的集合有四个子集，$\varnothing$，$\{a\}$，$\{b\}$，$\{a,b\}$，所以 $P(\{a,b\})=\{\varnothing,\{a\},\{b\},\{a,b\}\}$ 是四个元素的集合；

(4)三个元素的集合 $\{a,b,c\}$ 有八个子集；

“从这些例子可以看出，一个有 n 个元素的集合，共有 2^n 个子集合。

“幂集合有下列性质：

(1) $A\subseteq B\rightarrow P(A)\subseteq P(B)$；

(2) $P(A)\subseteq P(B)\rightarrow A\subseteq B$；

(3) $P(A)=P(B)\rightarrow A=B$；

(4) $P(A)\in P(B)\rightarrow A\in B$（注意这条性质的逆不成立，下面是一个反例：设 $A=\{\varnothing\}$，$B=\{\{\varnothing\}\}$，则 $P(A)=\{\varnothing,\{\varnothing\}\}$，$P(B)=\{\varnothing,\{\varnothing\}\}$，因此，虽然 $A\in B$，但 $P(A)\notin P(B)$）；

(5) $P(A)\cap P(B)=P(A\cap B)$；

(6) $P(A)\cup P(B)\subseteq P(A\cup B)$（注意这条性质对‘$=$’不一定成立）。

“有了 $P(A)$ 之后，当然还可以重复这个步骤造出 $P(P(A))$，$P(P(P(A)))$，…，不妨把它们简化为 $PP(A)$，$PPP(A)$，…或 $P^2(A)$，$P^3(A)$，…

“各集合之间可以通过‘映射’彼此发生关系。映射是函数概念的推广。通常是函数 $y=x^2$ 表示实数集合 **R** 到实数集合 **R** 的一个对应。对于每个 x 值,都有唯一的 y 值与之相对应。例如,x 取 0,1,2,3,4,5,…等值,y 就得 0,1,4,9,16,25,…等值,也就是把 1 映射到 1,2 映射到 4,3 映射到 9,…这好像照相一样,y 的值被称为 x 值的象。这样的函数关系可以推广到任意集合上,这时称之为映射。比如,整数集合{…,-2,-1,0,1,2,…}可以映射到偶数集合{…,-4,-2,0,2,4,…}上(记作 F_1),也可以映射到整数集合{…,2,1,0,-1,-2,…}上(记作 F_2)。

“设 F 是集合 X 到集合 Y 的映射,对于 X 的任何子集 A,A 的元素在 F 之下的象构成 Y 的一个子集,称之为 A 在 F 之下的象,记作 $F(A)$。反过来,Y 的任何一个元素 y,如果是 X 中某些元素 x 在 F 下的象,则称 x 为 y 的原象或逆象。同样,Y 的任何子集 B,如果其元素的原象集合是 A,则称 A 为 B 在 F 下的原象,记作 $A=F^{-1}(B)$。

“设 F 是集合 X 到集合 Y 的映射,如果 Y 中的每一个元素都至少是 X 中一个元素的象,就称 F 是满映射(也称映上)。假如一个象点,原象只有唯一元素,就称 F 是单映射。如果 F 既是满映射,又是单映射,则称 F 是双映射(从集合来讲是一一对应)。例如,整数集合 $\mathbf{Z}$ 到整数集合 $\mathbf{Z}$ 的映射 F 可以有不同的情况:如 $F=F_1$,即把每个整数加倍,则每一象点只有唯一原象,所以 F_1 是单映射,显然在 F_1 下 $\mathbf{Z}$ 的象只是 $\mathbf{Z}$ 的一部分,所以不是满映射。但如果 $F=F_2$,即把每个整数映射成它的相反数,那么正整数映射成负数,负数映射成正数,零仍映射到零。不难看出,F_2 是满映射,又是单映射,所以是双映射。

"有了映射的概念之后,就不难区别有限集合和无穷集合了。戴德金指出,有限集合不能通过单映射映射到自己的真子集合,而无穷集合却可以通过单映射映射到自己的真子集合。例如,上面讲到的 F_1,整数集合可以映射到偶数集合,而偶数集合显然是整数集合的真子集合,F_1 是单映射,因而整数集合是无穷集合,而不是有限集合……

"……"

尤丽的笔记整理到这里便告一段落。看着窗外漫天飘舞的鹅毛大雪,她似乎看到了虚无缥缈中的希尔伯特旅馆，想到了代表团提出的一个个房间安排难题……这些不就是自然数集合的无穷集合性质的实际应用吗？

给火势不旺的壁炉扔入两块劈柴之后，她精神焕发地来到桌子前，铺开一张白纸，再一次考虑"代表团想每个人占可数无穷多间房间来安排他的亲戚朋友"的问题。她从康托尔教授证明的有理数集合与自然数集合一一对应中得到了启发，巧妙地把第一个客人的第一间房记作(1,1)，第二间房记作(1,2)，…，第 k 间房记作 $(1,k)$，…；第二个客人的第一间房记作(2,1)，第二间房记作(2,2)，…；第 m 个客人的第 n 间房记作 (m,n)，…，这样就有一串两个号码的房间。接着把它们按 1,2,3,4，…，由一系列箭头所规定的顺序排好，她画出了下面一张图（见图 8）。

于是对各个房间重新排号：(1,1)为 1 号，(1,2)为 2 号，(2,1)为 3 号，(3,1)为 4 号，(2,2)为 5 号……问题不就解决了吗？

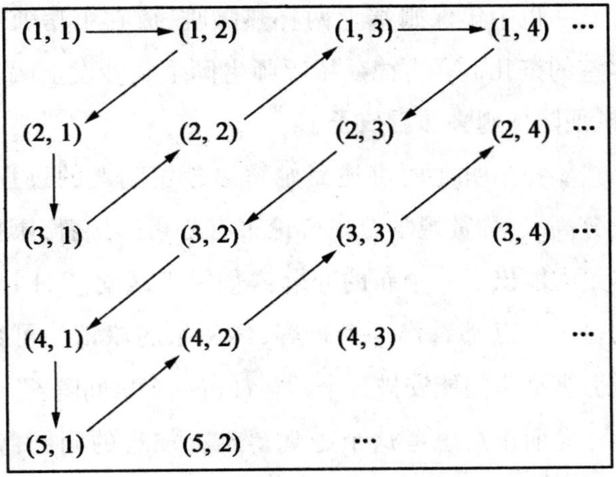

图 8

冥思苦想了好些年却百思而不得其解的问题，今朝突然得到解决，尤丽的心中是多么激动啊！她特别感谢康托尔教授给了她知识和力量。

第二个星期天的上午，尤丽踏着哈雷大学校园中厚厚的积雪，披着耀眼的阳光来到教授别墅区康托尔的住宅。康托尔高兴地把尤丽介绍给夫人古德曼。尤丽恭敬地问好："师母，您好！"夫人倒有点不好意思起来："你就叫我古德曼吧。你真像我的一位远房妹妹。"

一位中年保姆端上两杯热咖啡，放在书房兼会客室的茶几上。古德曼招呼师生俩坐到沙发上喝咖啡，便随保姆去照看孩子了。

康托尔听尤丽讲述完她解决旅馆问题的过程，十分高兴，称赞她学习集合论很有心得。接着，康托尔给尤丽出了一个新的问题："如果把区间[0,1]上的每一个点都看作一个顾客，你父亲的旅馆的可数无穷多个房间能安排每个顾客都占一个房间吗？"

尤丽正在思考这个她觉得难上加难的问题，就见古德曼进来催促教授去参加迎接1884年元旦的教授联谊会。尤丽也跟着康托尔站了起来，古德曼却热情地留她再聊聊。

古德曼与康托尔结婚已经9年多了，从第二年开始就忙于生育和照顾孩子。现在，8岁的大女儿已经上小学了，大儿子5岁，二女儿刚2岁。婆婆鲍约姆曾多次来帮忙。婆婆要求儿媳全力支持康托尔的事业，尽量少让他为孩子和家务操心。这种理解和支持，使康托尔在婚后三年又重新开始了极富创造性的数学研究工作。而古德曼在这些年里却渐渐失去了自我，她是婆婆听话的儿媳、丈夫温顺的妻子、儿女们慈祥的母亲。在相对比较封闭的生活圈子里，她特别期盼着姐妹般的情谊。因此，当似曾熟悉的尤丽一出现，她就把这位丈夫的学生当作了自己的小妹妹，当作可以交流心声的好朋友。而尤丽也特别喜欢和这位比自己年长13岁的、没有“师母”架子的少妇谈心。但由于是第一次见面，老师又不在场，尤丽还是没有留下来与古德曼共进午餐。

几天来，尤丽绞尽脑汁，都未能解决康托尔教授提出的问题。寒假的头一天晚上，尤丽第二次来到康托尔的家。在一盏不太明亮的煤油灯和一支另加的蜡烛旁，康托尔教授告诉她，用对角线方法证明一切想安排下的方案都是行不通的。因此，得用反证法证明不能安排的结论。

假设[0,1]区间内的实数都可以按照自然数1，2，3，…的顺序排起来。因为[0,1]区间内的实数可以用$0.a_1a_2a_3\cdots$小数来表示，所以把[0,1]区间内的所有实数都按照顺序排列，可得到：

第1个数：$0.a_{11}a_{12}a_{13}\cdots$

第 2 个数:$0.a_{21}a_{22}a_{23}\cdots$

$\vdots$

第 k 个数:$0.a_{k1}a_{k2}a_{k3}\cdots$

$\vdots$

现在定义一个实数 $x=0.b_1b_2b_3\cdots$,其中

$$b_k=\begin{cases}9, 当\ a_{kk}=1\\1, 当\ a_{kk}\neq 1\end{cases}$$

显然 x 不等于上面的任何一个数,因为至少第 k 位上 $b_k\neq a_{kk}$,同样 $b_1\neq a_{11}$,$b_2\neq a_{22}$,$\cdots$,所以 x 与上面可数个实数的每一个都不相同;但 x 又是[0,1]区间内的一个实数,它却没能被包含在上面的数,这就引出了矛盾。所以原假设不正确。即得结论:[0,1]区间的实数是不可数的。也就是说,区间[0,1]内的每一个点(一个顾客),是不可能每点都占一间房地安排进旅馆的可数无穷多个房间中去的。

康托尔告诉尤丽,这实际上是他 10 年前证明过的定理。它的诞生标志着集合论的创立……为了集合论的成长壮大,康托尔进行了长期的艰苦攀登。

尤丽静静地听着康托尔讲述的苦、辣、酸、

甜……古德曼不知何时挨着尤丽坐下,也静静地听着……

烛光摇曳,已经换了两支蜡烛。当康托尔讲完,时间已近午夜。尤丽非常感谢教授的指导和教诲。康托尔夫妇一起把尤丽送回了不远处的女生宿舍,分手时祝她第二天回家旅途顺利。

第五章 如有神助 统帅无穷大

超穷数理论在康托尔的头脑中经历着从1883年到1890年的发展过程。

由康托尔已证明过的定理可知,无穷集合除了可数集合之外,还有不可数集合,而且不可数集合的元素数目要比可数集合的元素数目多得多。如果只是说它们的元素数目都为无穷大,不能满足定量描述的需要。

1883年,康托尔关于无穷线性点集的系列文章的第五篇——《集合论基础》出版了。它是康托尔数学研究的里程碑。《集合论基础》不仅超出了他早期关于线性点集的研究范围,而且开拓了数学探索的一个全新的领域,康托尔有希望在其中取得累累硕果。《集合论基础》的问世,确立了康托尔在数学界的地位，而且使那些曾与他势均力敌的对手们感到相形见绌。

康托尔终于开始向无穷大冒险前进了。《集合论基础》的主要成果是引进了作为自然数系的独立和系统扩充的超穷数。他说："我很了解，这样做将使我自己处于某种与数学中关于无穷和自然数性质的传统观念相对立的地位。但我深信，超穷数终将被承认是对数的概念最简单、最适当和最自然的扩充。"

寒假后返校的尤丽有幸成为康托尔教授的"超穷数讲座"的听众之一。从这位聪明而勤奋的学生的笔记中，可以大体了解到康托尔超穷数理论的主要内容：

为了表示无穷集合的元素数目的多少，引进"基数"（也称"势"）的概念，它是自然数的自然推广。例如，自然数 3 是所有 3 个元素的集合的共同性质。可以与自然数集合 **N** 一一对应的所有集合的共同性质是，它们的元素都具有相同的数目，这是最小的无穷基数，记作 ω_0。同样，连续统（即所有实数或[0,1]区间的所有实数集合）的基数是 C。显然 $C>\omega_0$。

一一对应反映了两个集合的等价关系，显然两个集合等价当且仅当它们的基数相等。一个集合与它的幂集合 $P(S)$ 不能成一一对应，所以 S 的基数小于 $P(S)$ 的基数。可以证明 $C=2^{\omega_0}$。问题是：C 是不是紧跟着 ω_0 的第二个无穷基数呢？这就是所谓的连续统假设。

为了进一步研究基数，还必须引进序型及序数。

序关系是从实数集合 $\mathbf{R}$ 中任何两个实数都可以比较大小而来的。对于一般集合，这种关系未必存在。实数集合 $\mathbf{R}$ 中，任意两个元素 x,y 存在小于等于这样的序关系，或者 $x\leqslant y$ 或者 $y\leqslant x$，而且小于等于关系满足：

公理1（反身性）：对任何元素，恒有 $x\leqslant x$；

公理2（传递性）：由 $x\leqslant y, y\leqslant z$，可以推出 $x\leqslant z$；

公理3（反对称性）：由 $x\leqslant y, y\leqslant x$，可以推出 $x=y$。

称满足公理1,2,3的两个元素之间的关系为偏序关系。

任何集合 X，如果其一部分元素之间可以定义偏序关系，则称它为偏序集合，也就是这个集合有了偏序结构。假如一个偏序集合还满足公理4，即任何两个元素恒有 $x\leqslant y$ 或者 $y\leqslant x$，则称它为全序集合。

例1　所有自然数有自然的大小顺序，显然满足公理1，3，3，而且还满足公理4，因此自然数集合 **N** 是全序集合。

例2　自然数集合 **N** 除了上述的序关系之外，还可以有别的偏序关系，比如说 $x\leqslant y$ 定义为 x 可整除 y，在这种意义之下，**N** 成为偏序集合，但显然不是全序集合。

例3　任何集合的所有子集构成子集族，按照包含关系构成偏序集合，也就是把 $\leqslant$ 看成是 $\subseteq$。因为两个子集可以互相不包含，所以这个偏序关系也不是全序关系。

由上面的例子可以看出，任何有限集合和可数无穷集合都是全序集合。而且，任何有限集合按全序关系总是有头有尾的。但是，可数无穷集合的全序关系可以多种多样，比如以自然数集合 **N** 为例

$$1,2,3,\cdots$$

$$\cdots,3,2,1$$

$$1,3,5,\cdots,2,4,6,\cdots$$

$$1,3,5,\cdots,6,4,2,\cdots$$

$$\cdots,5,3,2,1,2,4,6,\cdots$$

$$\cdots,5,3,1,\cdots,6,4,2$$

两个全序集合虽然基数相同,它们的排列形式却可以不一样。把形式一样的集合称为序型相同,也就是两个集合间的一一对应的映射仍然保持顺序关系,即大的映射到大的,小的映射到小的。例如,下面两个集合

$$\begin{array}{ccccccc} 1, & 3, & 5, & \cdots, & 2, & 4, & 6, \cdots \\ \downarrow & \downarrow & \downarrow & & \downarrow & \downarrow & \downarrow \\ 2, & 4, & 6, & \cdots, & 1, & 3, & 5, \cdots \end{array}$$

序型是相同的。全序集合按照序型可以分成等价类,它们的共同特征就是序数。因为有限集合的序型不管怎样排列都是一样的,它们的序数就用它们的基数来表示,即 0,1,2,3,…,这些序数被称为一级序数。自然数按正常顺序的序型 1,2,3,…序数为 ω,这 ω 便是最小的一个超穷数。

自然数序列 1,2,3,…是从 1 开始,通过相继加 1 而产生的。这种通过相继加 1 定义有穷序数的过程,被称为“第一生成原则”。将全体有穷整数集合称为

第一数类,用(Ⅰ)表示,显然其中无最大数。用一个新数ω来表示它的自然顺序没有什么不当之处,这个新数ω是紧跟在整个自然数序列之后的第一个数——第一个超穷数。

要特别注意的是,这里的ω是一个数,而不是微积分中的变量∞(无穷大)。ω是“实无穷”,而∞只是“潜无穷”。

从ω出发,运用第一生成原则,可以得到一个超穷数序列

$$\omega,\omega+1,\omega+2,\cdots,\omega+v,\cdots$$

由自然数序列$1,2,3,\cdots,v,\cdots$到上面这个超穷数序列,这一过程运用的是“第二生成原则”:给定任意实整数序列,如果其中无最大数,则可产生一个新数,它作为这个序列的极限,定义为大于此序列中所有数的一个后继。

哈雷城的4月正是春暖花开时节,自然界到处呈现出勃勃生机。尤丽和她的同学们正在兴趣盎然地倾听康托尔教授对铁板一块似的“无穷大”进行分析:无穷是有层次的,一层上的无穷比其前一层上的无穷“更大”。全新的超穷数理论闪烁着一圈神秘的

光环，吸引了越来越多学生的好奇心。大阶梯教室常常爆满，一些同学只好在窗外听，也许根本听不清，只能说是观看。

但是没有想到，从 5 月初开始，因康托尔教授患病，“超穷数讲座”竟停了下来。学生感到很遗憾，心中祝愿教授早日病愈，重新踏上讲台。尤丽显得十分忧愁、焦虑。

整个 5 月份，尤丽差不多每天一上完课就上康托尔教授的家里去。康托尔已经住到了哈雷城郊的一所风光秀美的精神病院。为了保证治疗的效果，除了星期日下午，一般不让家属去探望。尤丽去主要是为了安慰六神无主的古德曼夫人，并帮忙照看他们的三个小孩子。

康托尔这次发病突然而急速。他感受到了一种强烈的喜悦和兴奋，连续几个晚上睡眠减少，甚至彻夜不眠，但仍然显得兴高采烈，欢欣若狂。他说，感谢上帝给他新换了一个头脑，特别好使，快得像机器般飞转，而且总也停不下来。他忽而谈到集合论，忽而又感谢戴德金。有一天，他忽然愤怒地大骂克罗内克，不停地训斥吆喝……后来甚至砸了挂钟，吓唬孩子……没办法,只好请医生来家里看康托尔。医生诊断,他患了一种精神病,叫作躁狂抑郁症。这是常见的精神病类型之一。临床表现可概括为情绪高涨、联想加快和意志增强三个主要特征以及其他表现,必须住精神病医院治疗。

康托尔住院后的第5天是星期日。午饭后不久,尤丽陪同古德曼乘坐马车去医院看望康托尔。在接待室,古德曼填写了登记表,称尤丽是康托尔的妻妹。一位护士小姐领她们去病房的医生值班室。一位中年胖医生向她们介绍了治疗情况和方案。

护士领她们去病房。还未到康托尔住的房间,她们就听到康托尔慷慨激昂的声音:"……连上帝都承认超穷数,你们为什么不承认?"她们进入房间,见到康托尔仍然面色红润,目光炯炯有神。他从窗前激动地奔跑过来,拥抱古德曼,并高声地说:"夫人,你好!"然后在她的脸上响亮地亲了一下。接着,他转向尤丽,喊道:"尤丽,你好!"也同样与之拥抱、亲吻。康托尔又继续眉飞色舞地谈笑风生,戏谑诙谐,口若悬河……护士说:"会见时间已过。"当请古德曼和尤丽离开时,康托尔仍旧滔滔不绝,洋溢着欢乐之情，以致对她们的“再见”也未回之以“再见”。

回家的路上，尤丽依然觉得脸发热、心发跳，对先生的病情依然担心。而古德曼听了医生的话，看了康托尔的表现，倒觉得丈夫的病情有所好转，心中稍感安慰。

古德曼的良好愿意逐渐实现，在第二个和第三个星期日的探望中，她一次比一次发觉康托尔在慢慢康复。

5 月底，医院给古德曼发出了病人康复出院的通知。这天上午，尤丽请了假，陪同古德曼去医院办理康托尔的出院手续。主任医生在与病人家属的谈话中，询问了病人的父辈和祖父辈的精神状况，实际上是进行这种病的遗传因素的家属调查。古德曼据实反映所听到的情况：康托尔的祖父在丹麦首都哥本哈根由于受英国炮击，家财被毁，于是逃往俄国圣彼得堡，其间受到强烈的精神刺激，家庭经济一落千丈，生活突然困难起来，曾发生过精神病症状。康托尔的父亲在生意突然破产时，精神受到过强烈刺激，也发生过精神病症状。主任医生认为，遗传因素也许是康托尔这次发病的内在原因，而他脑力活动过度紧张、精神压力过大等身体、心理和环境因素可能仅作为发病条件，即作为一种促发因素而起作用。关于出院后的提示，主任医生说，出院后他可能经历一段情绪低落时期。本病康复后，表现良好，虽可能复发，但精神活动保持完整，仅少数病人迁延变为慢性病，建议暑期能去南部山区疗养一段时间。

果然，“康复”回家后的康托尔在6月底进入了精神病的抑郁阶段。但当时，只有此病的躁狂阶段才被看作是一种症状，需要住院积极治疗。康托尔像完全变了一个人，情绪低落，思维联想过程缓慢，动作迟缓。他常像睡眠不足那样，无精打采。他反复诉说，他已没有多少精力和兴趣来重新从事严密的数学思考了。

尤丽征得她父亲的同意，邀请康托尔一家去山城X镇她家的旅馆去度暑假。古德曼十分高兴，但考虑到三个孩子的拖累，就请求尤丽代替自己去照顾康托尔。起初，康托尔似乎对外出旅游也不感兴趣，后来听说要去尤丽父亲的那个号称有无穷多间房间的旅馆去，不知牵动了哪根神经，竟愉快地答应了。

整个7月和8月的前半月，康托尔都在X镇的希尔伯特旅馆过着悠闲的日子。

尤丽的父亲很敬重这位大名鼎鼎的数学家。按照康托尔的建议，旅馆一字排开的客房的最后一间的编号“111”改为“…”。这样，这排客房的编号1，2，3，…，110，…就构成了自然数的无穷序列，也体现了老板自夸拥有无穷多间房间的说法。在1号客房后面的一个10米高的平台上，有一栋别墅式的住房，是尤丽和父母亲的家。顺着康托尔的思路，尤丽把它命名为“无穷号房间”（“ω号房间”），以表达她对康托尔创建超穷数理论的崇敬。

尽管这年夏天北德平原、中德山地气温很高，而X镇却特别凉爽。康托尔在这个山明水秀、鸟语花香的环境中悠闲地散步，看着湖水、森林和白云，挽着尤丽柔软的手臂，任凭轻风吹拂头发、抚摸脸颊，他觉得自己和大自然已融为一体，无所谓忧愁与欢乐。

大自然真是一位医术高明的医生，短短的一个多月竟然使康托尔的精力得到了神奇的恢复。8月15日，康托尔告诉陪同他去游泳的尤丽，他打算尽快回哈雷去，继续对超穷集合论的研究。

当晚，尤丽的父亲在家中为康托尔设宴饯行。尤丽坚持不请外人参加。在“无穷号房间”中厅，古老的银色烛台上插着 5 支粗大的红蜡烛，烛光明亮，不时传来蝉叫虫鸣、树涛浪涛之声，犹如在仙境之中，尤丽的双亲都已年过半百，又都忙了一天，不多久便不胜酒力相互搀扶着先去休息了，临行嘱咐女儿好好关照先生。

其实尤丽和康托尔也陪着二老喝了不少酒，但毕竟年轻一些，并未喝醉。尤丽说：“先生，能不能这样来理解你的超穷数系列。我们设想，从我们现在所在的无穷号房间再往西，修建无穷多座小别墅，根据第一生成原则，编号依次为

$$\omega, \omega+1, \omega+2, \omega+3, \cdots$$

这个无穷的超穷数序列无最大编号。根据第二生成原则，可以设想另一个序数 $\omega+\omega$，即 2ω，作为紧接着上面序列之后的第一个序数。再根据第一生成原则，又可以产生新的超穷数序列

$$2\omega, 2\omega+1, 2\omega+2, 2\omega+3, \cdots$$

这表示我们住所的上面一层又盖了无穷多间新房间，对吗？”

康托尔又恢复了病前的精神风貌，面色红润，目光炯炯有神，听尤丽说完，便立刻答道："对，对！这是帮助理解超穷数序列的一个很好的直观模型。你可以在想象的世界中，让这些房间一列列往上修建，便有

$$n\omega, n\omega+1, n\omega+2, n\omega+3, \cdots$$

……

最后，把整个立面都盖满了。"

尤丽抢着说："那么再设想我们希尔伯特旅馆后面的山被移走了，在1,2,3,…，号房后面再修一排无穷多间房间，它们的编号应该是：$\omega^2, \omega^2+1, \omega^2+2, \omega^2+3, \cdots$"

康托尔把话接了过来，"对，那么它的上一列应该是

$$\omega^2+\omega, \omega^2+\omega+1, \omega^2+\omega+2, \omega^2+\omega+3, \cdots$$

这头一间编号为'$\omega^2+\omega$'的房间，应该就是我们现在这间'ω'号的后面那间。再往下就是

$$\omega^2+2\omega, \omega^2+2\omega+1, \omega^2+2\omega+2, \cdots$$

第二个立面都盖完了，再由下往上盖第三个立面，即有

$$2\omega^2, 2\omega^2+1, 2\omega^2+2, \cdots$$

$$2\omega^2+\omega, 2\omega^2+\omega+1, 2\omega^2+\omega+2, \cdots$$

……

设想整个三维空间都盖满了,那么紧接着这无穷多个房间的编号之后的新的超穷数是什么呢?"

尤丽高举着一杯酒,脱口而出:"ω^3。"

康托尔也高高举起一杯酒,高兴地说:"真棒!干杯!"

两人把酒杯"当"地碰了一下,便把酒各自一口喝下,都有点酒酣耳热之感。两人畅谈良久,尤丽对康托尔更加敬慕。第二天,尤丽便陪同康托尔返回哈雷大学。

回到哈雷城的家中,康托尔的躁狂抑郁精神病真的痊愈了。他又开始了超穷数理论的研究。在尤丽的"无穷号房间"中,关于超穷数序列的对话给他留下了深刻的印象。但是现实世界是不存在四维空间的房间的。直观模型是有局限性的,也是靠不住的,尽管它有时能帮助人们通俗地了解概念。因此,对超穷数还得从理性上去把握。康托尔利用病愈后的这段时间,对自己逐渐接近超穷数进行了历史的回顾。

在1872年的论文中，他给出的无理数定义等于承认了完全无穷集合的存在。在关于无理数存在的问题上，他保持一种形式主义的观点，并论证说，对无理数在数学上的合法性做出判断的唯一根据，是其形式上的内在无矛盾性。他曾经写道："数学上在引进新数时，只需给出它们的定义，以使它们能彼此明确地区别开来即可。一旦某个数满足所有这些条件，它就可以并且应当被视为数学上实际存在的真实的数。"

关于无理数的这种观点，对于他论证其引入超穷数的合理性是极其重要的。在1872年的论文中，他还引入了极限点的概念。例如，$\sqrt{2}$这个无理数就是序列1,1.4,1.41,1.414,…的极限点。更一般地，如果某一无穷集合中有无穷多个元素位于距某一点任意近的距离内，则该点就被称为该集合的一个极限点。

给定任一无穷集P，定义其推导集P^1为P的全体极限点的集合。类似地，如果P^1也是一个无穷集合，则其推导集P^2定义为P^1的全体极限点的集合。P^2的每个元素被证明也是P^1的元素，因此，P^2是P^1

的子集;类似地,P^3 是 P^2 的子集,依次类推。康托尔证明,这种子集关系确定了这些集合的一种很自然的顺序。

可以证明,对于某一有限整数 n 来说,推导集 P^n 是有限集。另一方面,序列 $P^1,P^2,P^3,\cdots$,中也可能没有任何一个推导集是有限集。在这种情况下考虑所有上述推导集的公共点集仍然是有意义的,把它记为 P^∞。从 1880 年开始,他将上标∞称为超穷记号。并且,如果 P^∞ 是一个无穷点集,就可以构造出它的推导集 $P^{\infty+1}$,这推导集又可以产生出一系列的推导集,即 $P^{\infty+2},P^{\infty+3},\cdots$

本来,他可以进一步说上标∞,∞ +1,∞ +2,∞ +3等实际上构成一类新数,但他最初并没有这样做。在1872 年,他仅仅是以有理数序列为工具,对无理数进行了细致的讨论。类似地,起初他把记号∞,∞ +1,∞ +2 等只看作是为集合做记号的标签。

经过了漫长的 11 年,直至 1883 年,康托尔才把这些记号说成是超穷数,称它们是自然数的一个独立而系统的扩张。他认为,对于进一步发展集合论和研究实数,引入超穷数是必不可少的。

康托尔在 1883 年的论文中，根据两个生成原则定义了超穷序数序列。超穷序数是通过它们在一张表中的顺序或位置来识别的（见图 9）。

$$
\begin{array}{l}
\omega \to \{1,\ 2,\ 3,\ \cdots\} \\
\qquad\ \ \{2,\ 4,\ 6,\ \cdots\} \\
\omega+1 \to \{2,\ 3,\ 4,\ \cdots,\ 1\} \\
\qquad\qquad \{1,\ 3,\ 4,\ \cdots,\ 2\} \\
\omega+2 \to \{3,\ 4,\ 5,\ \cdots,\ 1,\ 2\} \\
\qquad\qquad \{1,\ 4,\ 5,\ \cdots,\ 2,\ 3\} \\
\vdots \\
\omega+\omega=2\omega \to \{1,\ 3,\ 5,\ 7,\ \cdots,\ 2,\ 4,\ 6,\ 8,\ \cdots\} \\
\qquad\qquad\qquad\quad \{1,\ 2,\ 5,\ 6,\ \cdots,\ 3,\ 4,\ 7,\ 8,\ \cdots\} \\
2\omega+1 \\
2\omega+2 \\
\vdots \\
2\omega+\omega=3\omega \\
\vdots \\
\omega\times\omega=\omega^2 \\
\omega^2+1 \\
\vdots \\
\omega^2+\omega \\
\omega^2+\omega+1 \\
\vdots \\
\omega^2+\omega+\omega=\omega^2+2\omega \\
\vdots \\
\omega^2+\omega\times\omega=2\omega^2 \\
2\omega^2+1 \\
\vdots
\end{array}
$$

$\omega\times\omega^2=\omega^3$

ω^3+1

$\vdots$

$a\omega^n+b\omega^{n-1}+\cdots+z$

$\vdots$

ω^ω

$\omega^\omega+1$

$\vdots$

$\omega^\omega+\omega$

$\vdots$

$\omega^\omega+\omega^\omega=2\omega^\omega$

$\vdots$

$\omega\times\omega^\omega=\omega^{\omega+1}$

$\vdots$

$\omega^{\omega+2}$

$\vdots$

$\omega^{\omega+\omega}=\omega^{2\omega}$

$\vdots$

$\omega^{\omega\times\omega}=\omega^{\omega^2}$

$\vdots$

$(\omega^\omega)^\omega$

图 9　关于超穷序数的顺序

所有新的超穷序数都通过把紧接着它们的前面那个超穷序数加上 1 而得到，就好像是在对比 ω 更大的超穷序数进行“计数”一样（ω 是按自然顺序排列的整数集的超穷序数）。每当出现了一连串其中没有最大数的超穷序数，总要定义一个新的超穷序数作为下一个数，它大于前面所有的数。这些新数在表中紧挨在竖直的省略号之下；例如，2ω 是大于所有 $\omega, \omega+1, \omega+2, \cdots$ 的下一个超穷序数。超穷序数彼此间的区分，依据的是与它们相对应的集合中用水平的省略号表示的无穷间隔位置的不同。图中对于超穷序数 $\omega, \omega+1$ 和 2ω 的每一个，都给出了与其对应的两个集合的例子。但表中某一超穷序数所代表的每一无穷集合都具有同样的基数，也就是说，每一集合都有同样数目的元素。

集合的基数表示元素的数目。有限集合的序数与基数相等。例如，任一有 5 个元素的集合（即基数为 5 的任一集合），在某种意义上，可以设想成是任一有 4 个元素的集合的直接后继集合。换句话说，这个集合的序数也是 5，它是集合表中的第 5 个集合。但是，一个无穷集合的序数则必须与其基数区别开来。康托尔证明，可以构造出无限多的具有不同序数却有相同基数的无穷集合。他后来还发现，可以把无穷集合的这个性质变成一个区别无穷集合与有限集合的准则：一个集合，仅当其基数与序数相同时，才是有限集。

康托尔最初引入的超穷数是序数而不是基数，这一事实具有相当重要的历史意义。对有限集来说，序数和基数是没有多大区别的，然而它们却有助于解释为什么将数的观念运用到无穷集合上时会导致混乱和自相矛盾。由于对无穷集合来说，序数和基数是两个根本不同的概念，因而任何讨论与无穷集合有关的数的论证，如果分不清这两者之间的区别，就会造成含混不清。所以，把有限集的表面上看来是确凿不移的性质推广到无穷集上（如伽利略和其他一些人所做过的那样），是不合逻辑的。

一旦定义了超穷序数，康托尔就着手描述它们的算术性质。超穷数和通常数之间在加法和乘法的交换性上有着重要区别。对两个通常的数 A 和 B 来说，交换律成立，即 $A+B=B+A$ 且 $A\times B=B\times A$。但是，如果把加法和乘法的定义推广到超穷数上，则交换律就不能保证了。例如，$\omega+2$ 是代表序列 $\{1,2,3,\cdots,1,2\}$ 的，它不等于代表序列 $\{1,2,1,2,3,\cdots\}$ 的 $2+\omega$。

……

康托尔利用近半个月的时间，一方面回顾他的超穷数理论的历史，一方面准备在秋季开学后继续开设他的“超穷数理论讲座”。他对讲稿的编写要求很严格，既要有系统性，又要便于学生的理解和记录。

9 月初，新学期开学了。学生报到的当天下午，尤丽风尘仆仆地带着一些山区特产，如蘑菇干、坚果、腊山鸡等来到康托尔家。康托尔到系里办事去了，古德曼十分热情地迎接这位投缘的小妹妹。她们手拉着手，谈着没完没了的话题。古德曼再三感谢尤丽一家对丈夫的关照，使他迅速得以康复。保姆已经两次为她们送上咖啡，可康托尔还没回来。于是，尤丽先告辞，回女生宿舍整理内务去了。

二年级的课程比较紧张，但尤丽还是坚持每周都去听康托尔续讲的超穷数理论，并认真地记着笔记。

“定义：一个集合 P 被称为良序集，如果这个集合有第一个元素。

“下面只考虑良序集。自然数集合的不同序型的序数依次为：

ω：1，2，3，…

$\omega+1:1,2,3,\cdots,1$

$\omega+2:1,2,3,\cdots,1,2$

$\vdots$

$\omega+\omega=2\omega:1,3,5,\cdots,2,4,6,\cdots$

$2\omega+1:1,3,5,\cdots,2,4,6,\cdots,1$

$\vdots$

$2\omega+\omega=3\omega:1,4,7,\cdots,2,5,8,\cdots,3,6,9,\cdots$

$\omega\cdot\omega=\omega^2:1,2,3\cdots,2,4,6,\cdots,3,6,9,\cdots,k,2k,3k,\cdots$

$\vdots$

$\omega^3,\cdots$

$\vdots$

$\omega^\omega,\cdots$

以上这些都是基数为 ω_0 的集合的序数。具有这些序数的集合应该有一个基数。这个集合不可数，所以它的基数 ω_1 是 ω_0 的后继者。然后，再把基数为 ω_1 的良序集合的序数按顺序排列，这样又可以得到序数集合，其基数为 ω_1 的后继者 ω_2……于是，基数和序数集合交替地无限增长下去。

“这样，序数序列可按照递增顺序排列如下：

$1, 2, \cdots$

$\omega, \omega+1, \omega+2, \cdots$

$2\omega, 2\omega+1, 2\omega+2, \cdots$

$3\omega, 3\omega+1, 3\omega+2, \cdots$

$4\omega, \cdots$

$\vdots$

$\omega^2, \omega^2+1, \omega+2, \cdots$

$\omega^2+\omega, \omega^2+\omega+1, \omega^2+\omega+2, \cdots$

$\omega^2+2\omega, \omega^2+2\omega+1, \cdots$

$\omega^2+3\omega, \cdots$

$\omega^2+4\omega, \cdots$

$\vdots$

$2\omega^2, 2\omega^2+1, 2\omega^2+2, \cdots$

$3\omega^2, \cdots$

$4\omega^2, \cdots$

$\vdots$

$\omega^3, \cdots$

$\vdots$

$\omega^4, \cdots$

$\vdots$

$\omega^{\omega},\cdots$

$\vdots$

$\omega^{\omega^{\omega}},\cdots$

$\vdots$

于是,基数序列随之按照递增顺序排列如下:$\omega_0,\omega_1,\omega_2,\cdots,\omega_{\omega},\omega_{\omega+1},\cdots,\omega_{2\omega},\cdots$”

记到这里,尤丽的脑海中出现了两支无穷无尽的大军:一支是超穷序数组成的无穷大大军,一支是超穷基数组成的无穷大大军。它们是实实在在的、浩浩荡荡的新数大军。它们在黑暗之中被发现,从神秘之所被引出。它们的统帅就是康托尔教授!康托尔统帅着无穷大,组成层次分明的超穷数序列,开进了数学王国。尤丽感到无比的激动和快乐。和他“心有灵犀一点通”,真是自己一生一世的幸福。

“两个超穷数 α 和 β 的加法用两个无穷良序集 M 和 M_1 来定义:设 α 和 β 分别表示集合 M 和 M_1 的序数,α 与 β 的和将通过良序集 $M+M_1$ 的序数来确定。$M+M_1$ 是在 M 的元素序列后面接上 M_1 的元素序列所构成的集合。

“注意,对超穷数,加法运算是不可交换的。例如：$1+\omega\neq\omega+1$，左边表示集合$\{1,1,2,3,\cdots\}$的序数，而右边表示集合$\{1,2,3,\cdots,1\}$的序数。而结合律自然成立，即$\alpha+(\beta+\gamma)=(\alpha+\beta)+\gamma$。

"可类似地定义乘法，给定一个序数为β的良序集，用序数为α的良序集的元素取代它的每个元素，就是以β为被乘数、α为乘数的乘积$\beta\cdot\alpha$。

"例如，设$\beta=\omega$，$\alpha=2$，则

$$\begin{aligned}\beta\cdot\alpha&=(1,2,\cdots,v,\cdots)\cdot\alpha\\&=(a_1,b_1,a_2,b_2,\cdots,a_v,b_v,\cdots)\\&=\omega\end{aligned}$$

另一方面

$$\begin{aligned}\beta\cdot\alpha&=(a_1,a_2)\cdot\beta\\&=(1,2,\cdots,v,\cdots,1,2,\cdots,v,\cdots)\\&=\omega+\omega=2\omega\end{aligned}$$

"显然，超穷数的乘法也是不可交换的，而结合律仍然满足。

"可以通过两种方法来考虑减法。给定任何一对超穷数α和β，$\alpha<\beta$，方程式$\alpha+\xi=\beta$对于ξ总有唯一解，它可能是第一数类的数，也可能是第二数类的数，于是可以定义$\xi=\beta-\alpha$。

“另一种考虑是从运算的不可交换性着手，方程 $\xi+\alpha=\beta$ 对于 ξ 往往没有解（例如，对于 $\xi+\omega=\omega+1$，就没有 ξ 的解，唯一解更谈不上），也可能 ξ 有解且有无穷多个解，在所有这些解中，总存在一个最小的，用 $\beta_{-\alpha}$ 表示，它一般是不等于 $\beta-\alpha$ 的。

“对于除法，可做类似的处理。$\beta=\xi\cdot\alpha$ 的解总是唯一的，可定义 $\xi=\frac{\beta}{\alpha}$。另一方面，$\beta=\alpha\cdot\xi$ 可能有无穷多个解，其中最小的一个用 $\xi=\frac{\beta}{\alpha}$ 表示。

“于是，超穷数是明确定义了的，而且具有数论的性质，尽管它们的算术规律有不同于有穷算术之处，特别是不可交换性，但这并没有不可接受之处。要紧的是能够无矛盾地建立超穷数的算术定律，而且证明了不仅加法、乘法是基本运算，它们的逆运算也是基本运算。这些基本运算的引进，至少使超穷数理论在主要之点上达到了一定的高度，并获得了某种可接受性。”

在秋高气爽的 10 月，康托尔教授的“超穷数理论讲座”结束了，受到了学生们的热烈欢迎与好评。

周日的上午，尤丽领着同宿舍的几位女生捧着鲜花去康托尔那里祝贺讲座圆满成功，并表示深切的谢意，祝愿康托尔身体健康。在这群花枝招展、活泼可爱的少女之中，比她们年长几岁的尤丽更显出一种自然之美、成熟之美。康托尔和夫人请同学们坐下，保姆端上了几盘水果，尤丽帮着夫人招待大家。

康托尔十分坦率地对学生们说："现在还不是开庆祝会的时候。虽然超穷集合论的研究取得了一些成绩，但仍然有一个大问题悬而未决，那就是实数连续统的势的问题。"

少女们七嘴八舌地问："什么是实数连续统的势的问题呢？"

康托尔教授微笑着用手指指尤丽："请尤丽小姐谈谈，她不久前看过我的一篇文章。"

尤丽像接受老师口试那样，严肃、认真地阐述道："先生在去年的论文中根据两个生成原则定义了超穷序数序列。为了对这序列进行自然的划分，先生又增加了一个原理，考虑由全体有限整数组成的集合（即第一数类）。它的势（即基数）大于这集合中任一元素的势。依次类似，也可以考虑与可数无穷集合（即其势与所有整数集的势相同的集合）相对应的全体超穷序数所组成的集合，先生称这个超穷序数集合为第二数类。先生相信第二数类的势等价于实数连续统（即全体实数或[0,1]区间上的所有实数的集合）的势，虽然先生还未能证明这一点。”

康托尔带头鼓掌，并连声说：“讲得好，讲得好！”他为自己有这样一位高才生而高兴。

然而康托尔没有料到，两个月之后，尤丽这位前途远大的学生会因父亲的命令而休学。当尤丽拖着沉重的双腿，心事重重而又依依不舍地向康托尔夫妇辞行时，康托尔追问她：“为什么？为了什么？”她无奈地说：“我父亲身体不好，要我去照管旅馆。也许我们以后还会见面的……”

尤丽对康托尔来说犹如仙女下凡，来也匆匆，去也匆匆。但是，她好像给康托尔带来了灵感。她走了之后，好像也带走了康托尔心中的某些创造力。虽然康托尔仍然没有放下数学研究，但他越来越满足于照管大学中微不足道的行政事务，也越来越沉迷于他所感兴趣的其他问题。他开始研究英国历史和文学，并且全神贯注于当时许多人曾非常认真地对待过的一种学术上的时髦，即假定弗兰西斯·培根可能是莎士比亚戏剧的作者。他还尝试着不教数学而去教哲学，但并没有取得什么成就。

第六章 孤军奋战 其乐无穷

从1874年康托尔关于集合论的第一篇文章问世起,集合论就一直受到各方面的冷遇和反对。康托尔不得不惨淡经营,孤军奋战。

在1879至1844年间,康托尔的《关于无穷的线性点集》系列文章(共6篇)先后发表。这些文章奠定了新集合论的基础。特别是在1883年的第5篇文章中,引进生成新的超穷数概念,并且提出了连续统假设问题。不久,康托尔就获悉他的最主要的论敌克罗内克的反对和威胁。克罗内克声称,他正着手准备一篇文章,以证明"现代函数论和集合论的成果没有一点实在的意义"。

为了迎接克罗内克的挑战,为了保卫自己艰苦创建的超穷集合论,康托尔以坚定的信念开展了新的斗争。作为重要的思想准备，他首先要理清乱如麻团的一次次“过招”历史。

克罗内克是康托尔在柏林大学求学时期的一位老师。康托尔在1866年底获得博士学位后，曾留在柏林做过短期研究，克罗内克就是他的导师之一。20多年的相处，使他们彼此之间十分熟悉。

克罗内克，1823年生。在柏林大学师从库默尔，是库默尔的得意门生。他的博士论文《论复可逆元素》写于康托尔出生的1845年（但发表于1882年），讨论在高斯所创立的代数数域中可能存在的所有可逆元素。后来，他接替库默尔在柏林大学任教授。他在1858年的一封信及1861年的一篇文章中，用椭圆函数解出了一般的五次方程，这类似于用三角函数来解不可约的三次方程。1879年，他根据阿贝尔的思想，做出了“高于四次的一般方程用根式求解的不可能性”定理的一个简单、直接而又严密的证明。

康托尔在哈雷大学的第一年，得出了第一个关于三角级数唯一性的结果——1870年4月的定理。1871年1月，康托尔把这个定理和其他几个漂亮的结果以一个简短的《摘记》发表。不久，康托尔收到克罗内克的来信，具体地建议康托尔独立于先前的“康托尔－勒贝格定理”建立唯一性定理。这个建议中使用的技巧给康托尔留下了深刻的印象。于是，康托尔对自己的定理证明做了修改，使得“以如此清晰而简洁的方式修改过的证明无可指摘”。康托尔并复函表示对老师的感谢。这件事表明，那个时期他们之间还是很友好的。

但是，当康托尔将唯一性定理推广到允许无穷多个例外点的情形并获得成功时，克罗内克变得十分忧虑。而且，随着康托尔关于无穷问题的深入研究，克罗内克变成了康托尔最早的，也是最激烈的反对者。

克罗内克有一句名言，这句名言反映了他在数学哲学上的立场的实质：“上帝创造了整数，其他一切都是人造的。”本着这种原则，他主张从整数及整数的有限算术组合中创造出全部数学。在 19 世纪 70 年代早期，他开始抛弃传统微积分中的任何一种极限过程，并且反对所有用极限来定义数学对象的尝试。这样一来，甚至连在几个世纪前已被数学家们所接受的无理数也将被排除在数学之外，除非能找到某种方法从整数中构造出无理数来（像构造出有理数那样）。他认为，圆周率 π 是不存在的，证明 π 是超越数也毫无意义。当时，柏林是世界数学的中心之一，克罗内克又是柏林学派的领袖人物，因此他对集合论和超穷数论发展的阻碍作用是非常大的。

康托尔在柏林大学学习时，曾在克罗内克的指导下写过两篇论文，因而对他的这种走极端的主张知道得很清楚，并且也知道它的优点。它能保证数学证明具有最大程度的可靠性和正确性，并且能对数学上想入非非的推理起一种矫正的作用。但是，如果接受他的主张，就会丧失掉数学上许多极有希望的进展；而且，这种主张还使富于革新精神的数学研究，因种种眼光狭隘和极其贫乏的方法论上的顾忌而产生麻烦。

1873 年 12 月底，康托尔终于证明：在自然数集 **N** 和实数集 **R** 之间不可能建立一一对应，即实数集不可数。这一惊人的结果很快在 1874 年初发表于当时最负盛名的数学刊物《克莱尔杂志》上，而文章的题目却是《论实代数数集合的特征》。康托尔之所以使用“代数数”的标题，是与克罗内克对分析中的一些基本理论的反对有关的。

克罗内克曾对在严格的数学中使用一般的无理数理论和波尔查诺-外尔斯特拉斯定理表示怀疑和反对。作为《克莱尔杂志》的编辑，他拒绝发表有关这方面的任何文章。但是，康托尔要想严格地给出实数不可数的证明，无理数理论和连续性公理是必不可少的。为了能在《克莱尔杂志》上发表自己的论文，康托尔不得不求助于“障眼法”与克罗内克“过招”。康托尔在给戴德金的信中曾经说，他是有意谨慎地阐述自己的观点。在“代数数”的标题下，尽量使用一种不引人注目的方式，策略地引出对实数不可数的证明，并且愿意采纳对文章的可接受性提出的任何建议。直到这篇文章的结尾，他也不曾点明主题，却又忍不住提示读者：“如果你们没有看到标题以外的内容，那么我仅仅是写了有关代数数的问题。”

1877 年，康托尔得到了一个更惊人的结果，与数学上流行的看法相反，他证明：直线上的点与平面上的点一一对应。他立即准备了一篇说明他的这个新发现的手稿，并于 7 月 12 日给《克莱尔杂志》寄去。

这篇题为《集合论》的论文成了康托尔与克罗内克之间爆发公开冲突的第一个原因。尽管编辑接受了它，外尔斯特拉斯也希望它尽早发表，但没有任何发稿的实际步骤。该论文在1877年没有发表于该杂志上。克罗内克确实从中作梗，阻止《集合论》的发表。康托尔给戴德金写信，措辞尖刻，抱怨对自己工作的不公正态度，抱怨自己的论文受到这种对待，并提出他可能会从该杂志要回这篇论文。戴德金根据自己也曾有过的类似经历和经验，劝康托尔再耐心等待。鉴于这篇论文是如此的重要，编辑部终于不顾克罗内克的偏见，在1878年刊登了《集合论》。但从此以后，康托尔再也不向《克莱尔杂志》投稿了。这件事标志着康托尔和克罗内克的第一次冲突。

鉴于和克罗内克的公开冲突，敏感的康托尔变得更加敏感。15岁时父亲给他的那封信中的话又时常在他的耳中重现“一个人的前途和命运对他来说是藏在最深层的。没有人能事先知道他会陷于何等的困境中，也没有人能知道在生活的各个阶段将与怎样的不可预见的困难做斗争。”康托尔发觉现在的情况正如他父亲所预见到的那样，他在追寻事业成功的努力中，已陷入了由公开或秘密的敌人的妒忌和诽谤所造成的困境中，他们给他制造了种种艰难困苦，想把他挤到第二流、第三流的位置上去。

到 1882 年底，康托尔关于无穷线性点集的系列文章的第 5 篇已经完成，文中有当时最为详尽的关于集合论结果的综述，并且专门讨论了由集合论产生的数学和哲学问题，包括回答反对者们对实无穷的非难。这篇文章对于康托尔是非常重要的，后来曾以《集合论基础》为题，作为专著单独出版。康托尔急切地盼望自己花了 10 年心血加以研究的问题有一个满意的解答，并尽早将结果公之于世。他十分担心自己的著作会遇到不测，年底他几乎天天写信给《数学年鉴》的主编米塔－列夫勒，要求尽快发表，甚至亲自前往印刷厂敦促出版工作。1883 年初，《集合论基础》终于问世了。

《集合论基础》的出版，是康托尔数学研究的里程碑。当然，同时伴随而来的将是一系列的争论。对此，康托尔是有充分的思想准备的。一开始，他就意识到自己的使命是向无穷大冒险迈进。在证明实数集不可数以及平面点集与直线点集一一对应等惊人的定理时，首先吃惊的是他自己，康托尔曾几次经历过短时间内的戏剧性转变，但由于自己坚定的理性信念，才敢于摒弃千百年的传统看法，而接受新的结果。从另一方面说，他也系统地考虑了学术上的反面意见，在论战的烈火中，可以把新学科之剑锻造得更加锋利。

一些数学家评价康托尔的《集合论基础》，无论在数学方面还是在哲学方面都做出了重要贡献，这当然是一种较好的态度。而另一些反对在数学中使用实无穷的数学家，则对《集合论基础》中的思想持完全否定的态度。

在《集合论基础》第Ⅰ部分发表后不久，康托尔在一次讲演中把他的集合论比作一块未开垦的处女地，其中最大的空白是连续统假设。尽管他进行了多次努力，但始终未能证明这一假设。每当一个证明看来快接近完成时，总会有一些意外发现的错误打破了原来的希望，康托尔为此陷入了深深的苦恼之中。与此同时，他还承受着来自克罗内克方面的压力。

康托尔一直强烈地渴望自己能够在柏林大学或

格丁根大学得到一个适当的位置,因为那里云集着一大批优秀的数学家,而且经济收入和生活条件也比哈雷大学强得多。1883 年圣诞节前不久,康托尔以为这样的时机终于来到了,因为在他看来,自己是当时德国唯一能懂得所有数学(传统的和当代的数学)的人,他认为柏林需要他。从以下信件中可以看出康托尔的一个动机:

"你很好地理解了我的请求的用意,以前我从未想过最后能真正回到柏林。但是当我得知几年来施瓦尔茨和克罗内克因害怕我回到柏林而一直在实施阴谋,当我最终决定回到柏林后,我就把提出这一申请看作一种责任。我清楚地知道这会带来什么样的结果:克罗内克就会像被蝎子蜇了一样狂跳起来,他和他的预备队将发出嚎叫,以致整个柏林都会以为他们被放逐到了到处是狮子、老虎和鬣狗的非洲大草原。"

这封请求调动工作的申请信件,以克罗内克的职位,他是肯定能够看到的。康托尔正是试图激怒克罗内克,使之失态,让可能搞出的阴谋曝光而失去作用。但是"姜还是老的辣",克罗内克深知康托尔易怒的性格弱点，据此回应了巧妙的一招。1884 年 6 月，克罗内克写信给米塔 - 列夫勒，要求在《数学学报》上发表一篇短文，以表明他对某些数学概念的立场，其中将证明“现代函数论和集合论没有任何真正的意义”。康托尔对此事持十分怀疑的态度。他认为，克罗内克企图通过在这一杂志上发表文章，以阻止他从《数学学报》获得进一步的支持。康托尔提出，如果《数学学报》上出现克罗内克的文章，他就将撤销他对这一杂志的支持。由此可以看出，康托尔对他所认为的来自克罗内克的反对他的阴谋是何等敏感。

刚从 X 镇疗养、康复后回到哈雷，康托尔就于 8 月 18 日写信给米塔 - 列夫勒，说他的精神崩溃不是由于过分劳累造成的，而是与他长时期地和克罗内克相对立有关。他希望永远不再受克罗内克的纠缠，而最好的办法是正面解决问题。同一天，他给克罗内克写了封信，对他们之间的对立感到不安，希望能实现某种和解。

克罗内克这天同时收到两封信，一封是康托尔从哈雷寄出的，另一封来自 X 镇一位叫尤丽的姑娘。

姑娘用秀丽而流畅的文笔写道："尊敬的克罗内克教授，小女子冒昧地给您这位爷爷辈的大学者写信，请原谅。我是您的学生康托尔教授的学生，也是他的亲人。我想您一定关心康托尔近三个多月精神崩溃的病情吧？下面我就简单介绍一下……我曾拜读过您的几篇文章。其中有19世纪70年代的《数的性质与意义》，它给出了一个整数理论，文中也用到了集合论的思想。还有一篇是前年的关于有理数域的文章，文中用到了关于代数数与超越数的差别的知识。我想，教学相长、师生共进，应是学术界的良好风范。您说对吗？"年过60的克罗内克看完了这位小字辈的来信，着实受到了感动。

8月底，康托尔收到克罗内克寄来的一封有礼貌且非常友好的回信，其中回忆起康托尔在柏林时他们之间如何亲密，并对他突然提出的所谓对立表示惊奇。这封信曾使康托尔感到过一些安慰，但和解的希望却未能持续多久。尽管康托尔在后来的信件中试图对自己的新理论的某些技术细节做出解释，但是始终未能使克罗内克相信超穷数的合理性。10月初，他们在柏林会晤。康托尔确信自己很难使克罗内克摆脱狭隘的偏见。康托尔认为,只有时间才能显示他的理论的正确性。他未能成功地调和与克罗内克之间的矛盾。

这年8月至11月底,康托尔重新开始了有关连续统问题的研究,他几度认为已经解决了这一问题,但很快又发现了其中的错误,为了最终解决连续统问题,他引进了一系列新的概念,以对点集进行更精细的划分。

1885年初,康托尔把自己的新思想写成两篇短文投寄给《数学学报》,并希望能尽快发表。出乎他的意料,3月9日,米塔-列夫勒写信建议他暂时不要发表:"我确信在你能够提出新的正确结果之前,你的新作的发表将极大地毁坏你在数学界的声誉。尽管我知道对你来说这事实上并无多大区别,但是,如果你的理论在这种情况下受到怀疑,就将长期遭受冷遇,甚至在你有生之年,你和你的理论都不能得到公正的待遇。然后很可能在100年之后,这一理论又会由其他人重新提出,继之人们又发现你早已做出了全部工作,那时你才会受到正确的评价。但这样就不会产生任何有意义的影响,而这种影响是任何从事科学研究的人所期望的。”

米塔－列夫勒把康托尔的工作比作高斯对非欧几何的研究。高斯在发表他的成果的问题上始终迟疑不决。米塔－列夫勒认为,康托尔对自己的工作也应持同样慎重的态度。他认为,目前几乎没有一位数学家能对康托尔文章中的新术语以及不断增强的哲学风格有正确的理解。他的建议也许是明智的。但康托尔认为,米塔－列夫勒所考虑的只是杂志的声誉,如果他冒险地在《数学学报》上发表自己的超穷序数理论,就必将在更大程度上危及他那仍然相当年轻且主要依靠柏林学术界的支持才得以维持的事业。因此,收到米塔－列夫勒的来信,康托尔立即去电报索回所有在他那里的手稿。

康托尔对米塔－列夫勒拒绝接受他的最新研究成果所感受到的伤害,其程度甚至远远超过了克罗内克的反对以及精神病和未能成功解决连续统问题所带来的痛苦。尽管他从未承认这件事会影响到他对米塔－列夫勒的尊敬和他们之间的友谊,但两人之间的关系明显疏远了。康托尔感到,在为超穷数理论的建立所做的斗争中,他已经被最后一位数学家抛弃了。像1878年决定放弃《克莱尔杂志》一样，他决定不再在《数学学报》上发表文章了。同那次一样，他感到受到了人格侮辱。这是他性格上令人遗憾的一个弱点，他总是把对自己著作的批评看得过重，而且常常带有极强的感情色彩。以往康托尔曾把米塔-列夫勒看作可以依靠的少数几个能得到鼓励和理解的数学家之一，而现在，他认为，似乎没有什么理由再去同德国的和其他国家的那些数学家战斗了。

然而战士毕竟是战士，即使是在最失意的时候——1885年末，康托尔的心中仍然向往着数学和哲学领域气象万千、令人感奋的战场，即使是孤军奋战，也有无穷的欢乐。真是“铁马冰河入梦来”。

在《集合论基础》德文版的简短前言中，康托尔声明，《集合论基础》不单纯是对新的超穷集合论的严格的数学阐述，它也第一次公开地为实无穷这一受到大多数数学家、哲学家和神学家长期反对的概念提供了辩护。

自从前苏格拉底时期最早揭示出无穷的多种矛盾形式以来，哲学家一直对无穷持谨慎态度。他们通常采用亚里士多德的解决方法,即对实无穷的使用持简单的否定态度。大部分基督教神学家也反对实无穷概念,他们认为,这一概念是对上帝特有的绝对无穷本性的直接挑战。而数学家通常也追随哲学家而避免对实无穷的任何使用,这主要是因为,这些概念似乎经常会导致明显的矛盾。高斯在他的一封信件中,就曾以十分坚决的语气表明了他的见解:“我反对把无穷量当作一种完成的实体来使用,这在数学中是绝对不允许的,无穷不过是谈及极限时的一种说话方式而已。”

康托尔清楚地意识到,他的超穷数和超穷集合论面临着传统见解的反对。《集合论基础》的目的之一,就是论证这种对于完成了的实无穷的反对是毫无根据的。他希望以一种无可反驳的方式来对高斯那样的数学家、亚里士多德那样的哲学家以及托马斯·阿奎纳那样的神学家做出答复。在这一过程中,康托尔不仅考虑了由他的超穷数所引起的认识论问题,还阐明了与之相伴随的形而上学问题。

康托尔相信,反对在数学、哲学和神学中使用实无穷,是基于一种广泛流传的错误见解。无论数学家们过去曾经做过什么样的假定，都不应认为有穷的性质可以适用于无穷的各种情况，而正是这种不加限制的推广导致了种种矛盾和误解。

亚里士多德只承认有穷数的存在。他和经院哲学家们使用的一个典型论据是，如果承认无穷，就会导致有穷数的“湮灭”。例如，给定任意两个大于0的数a和b，它们的和$a+b>a$，$a+b>b$，但如果b是无穷的，则无论a取何值，都有$\alpha+\infty=\infty$，而这显然与众所周知的两正数相加的基本性质相矛盾。正因为如此，无穷数就被认为是不相容的东西而遭到了排斥。

康托尔认为，上述论证是不能接受的。因为其中包含了这样的谬误，即假定了无穷数必须遵循有穷数算术的规则。另外，通过直接应用他的超穷数理论，康托尔还表明了有穷数完全能够不被“湮灭”地加到无穷数上，如ω和$\omega+1$的区分，就清楚地表明可以用有穷数来对无穷数进行“修正”。因而在康托尔看来，亚里士多德关于无穷的分析就是十分错误的。

康托尔还对17世纪一些最有影响的思想家，如洛克、笛卡儿、斯宾诺莎、莱布尼茨、霍布斯和贝克莱等人的著作进行了研究。他把当时普遍采取的立场概括为:数概念只能应用于有穷,无穷或绝对则唯一地属于上帝。在洛克及斯宾诺莎等人看来,绝对意义上的无穷犹如上帝一样是不可理解的,因此,任何想要确定与潜无穷不同的无穷量的企图都是注定要失败的。就像对亚里士多德的批评一样,康托尔认为,上述结论事实上也依赖于"循环论证",即不恰当地假定了无穷数必须服从有穷数的规则。

莱布尼茨在不同场合似乎对无穷有着不同的看法。他经常否定对于绝对无穷的任何信仰,而在一些场合却又指出了实无穷和绝对无穷之间的重要区别。他曾说过:"我如此喜欢实无穷,以致非但没有理所当然地厌恶它,而且认为它在自然界中的任何地方都经常被用到,这十分有效地显示了造物主的尽善尽美。例如,我相信物质的任何一个部分都是实际地可分的,从而即使是物质的最小微粒,也应被看成一个充满无穷多个不同造物的世界。"康托尔很高兴地称莱布尼茨为实无穷的支持者,并进一步发展了莱布尼茨的这一思想,以消除某些人因康托尔的超穷数与无穷的神学解释之间的冲突而产生的疑惑。

波尔查诺是实无穷的坚定拥护者。康托尔特别赞赏他关于实无穷是可以被无矛盾地引进数学的思想，把他于1821年发表的《无穷的悖论》看成是对数学和哲学的重要贡献。波尔查诺的著作的特色之一是关于实无穷与潜无穷的区别，并且大胆为数学中的实无穷辩护。但是，康托尔对他的研究也提出了批评，认为他关于实无穷的概念在数学上是不够清楚的，势的概念和序数的概念也未能得到发展。

康托尔进一步对那些未能就实无穷与潜无穷做出区分的人的错误进行了分析。例如，在给瑞典数学家、历史学家恩斯特约姆的信中，康托尔做了这样的概括："正像每个特例所表明的那样，我们可以从更一般的角度引出这样的结论：所有反对实无穷的可能性的所谓证明都是站不住脚的。他们从一开始就期望无穷数具备有穷数的所有特性，或者甚至把有穷数的性质强加到无穷数上。与此相反，如果我们能够以任何方式理解无穷数的话，倒是由于它们（就其与有穷数对立而言）构成了全新的一个数类，它们的性质完全依赖于事物本身的特性，这是研究的对象，而并不从属于我们的主观臆想和偏见。”

康托尔认为，必须不含任何武断和偏见地研究实无穷，他确信，用抽象的数学语言及具体的物理语言所表明的事物的性质，都确实证明了超穷数的存在性。抽象性和实在性之间的这种联系，还为康托尔提供了新的论证超穷数理论具有合理性的依据。康托尔把对于思维构造与外部世界对象之间关系的研究称为形而上学。例如，对超穷数的抽象理论的研究属于数学的范畴，而对超穷数如何借助于现实世界的对象获得实现或体现的问题的研究，就是形而上学的课题。于是，形而上学在康托尔为确立自己的新理论的合法性所做的持续努力中，特别是在《集合论基础》发表后的几年里，就占据了重要的地位。

正像有穷数借助于有穷多个对象的真实集合而获得了客观存在性一样，康托尔认为，对超穷数也可引出同样的结论，因为它们也是由无穷多个对象的真实集合中抽象出来的。具体地说，超穷数的实在性在物理世界的物质、空间以及具体对象的无穷性中有着自然的反映,从而也就应当肯定超穷数的客观存在性。

康托尔为了通过超穷集合论在其他科学中的可能应用来论证超穷数的合理性,引进了关于物质的"以太"性质(借用莱布尼茨的术语)的两个假设:所有物质的单子的集合具有第一种势;所有以太单子的集合则具有第二种势。他声称存在着许多支持这种观点的理由,但他一条也没有具体地列举和陈述,而只是指出:超穷集合论能为数学物理带来极大的益处,并能够帮助解决包括物质的化学性质以及诸如光、热、电、磁等自然现象问题。在他的头脑中,超穷数在物理世界中的应用正是表明其真实存在性的直接根据。

为了从另一个角度论证超穷数的客观实在性,康托尔巧妙地利用了有穷主义的立场。有穷主义者只承认下述类型的论证:对任意大的数 N,都存在一个数 $n>N$。然而康托尔指出,这事实上就假设了所有这类 n 的存在,它们构成了康托尔称之为超穷数的一个完整的、完成了的总体。

一般地说,康托尔认为,他的超穷数理论对于潜无穷的存在性和应用性是绝对必要的。他写道:“任一潜无穷都必然导致超穷,离开了后者,潜无穷是无法想象的。”他认为,变量的域,无论是就代数、数论或分析而言,都必须被看成是实无限的。

上述立场促使康托尔提出另一个理由来论证超穷数的合理性:一旦实无穷集合的存在性得到了建立,超穷数的存在性就是十分自然的推论。他把超穷数看成是借助于抽象而由实无穷集合的存在中自然地产生出来的。所谓良序集合的序数,即是抽去元素的性质而唯一地着眼于其次序关系所获得的一般概念。

康托尔还对超穷数和无理数做了类比。他指出,超穷数在某种意义上即为新的无理数,因为超穷数的产生方式与有穷无理数的定义方法是完全一致的。人们可以绝对地断言:超穷数与有穷无理数是同舟共济的,两者的基本性质是相似的,因为前者与后者一样,也是实无穷的确定的表达形式。

尽管康托尔确信他的超穷数的客观实在性,并认为这种客观实在性可以通过基于无穷集的存在之上的抽象得到证实,但他并不认为数学家必须考虑或接受这一论证,因为这种证明虽然具有一定的说服力,但不是本质性的。对于数学家来说,只有一个检验标准:任何数学理论一旦被认为是相容的,在数学上就是可接受的,此外别无其他要求。康托尔写道:"就新数的引进而言,数学中所必需的仅是给出它们的定义,借助这些定义,赋予新数以这样的确定性,以及在情况允许时赋予它们以与旧数这样一种关系,使得在给定的情况下,它们可以被明确地加以区分。一旦满足了所有这些条件,一种数在数学中就可以,而且必须被认为是存在的和真实的。"康托尔认为,在断定任一新理论的存在并把它看成数学的一个合法部分之前,必须用逻辑相容性这一试金石对其进行检验。由于《集合论基础》中已经确立了超穷数的相容性,因此就不存在任何反对它的理由。

康托尔的形式主义观点最典型地反映在他对于无穷小理论的一贯反对上,尽管在不少数学家看来,他的实无穷和超穷数理论实际上支持了无穷大和无穷小的可靠性,他的反对仅仅建立在纯形式的分析之上。

康托尔还通过对大家所熟知的并已接受的整数

性质的简单分析来进一步加强他对超穷数的哲学论证。他认为,无论就有穷数或无穷整数而言,在本质上都可以从两种角度去进行分析:一是所谓的内在的真实性或固有的真实性,这是指在思想中明确定义,从而与思维的其他成分明确地区分开来的真实性;二是所谓的外部的真实性,即指其在物理世界的对象中的具体体现。例如,整数的内在真实性是十分明显的,而其外部真实性则体现在物理现象世界的过程中。数概念的这种思维的和物理的双重真实性,总是在一种相互联系的意义上体现的;任何具有内在真实性的概念同时也总是具有外部真实性,而确定这两种真实性之间的联系,正是形而上学最困难的问题之一。康托尔把数的这两个方面的必然联系归于宇宙自身的统一性,而这就意味着,我们可以单纯地研究数概念的内在真实性,而不必去论证它们的外部真实性。这就是数学区别于其他科学的地方,而数学也因此获得了这样的独立性,使数学家正在进行数学概念的创造时具有极大的自由。因此,康托尔提出了他的著名格言:“数学的本质在于它的自由。”他甚至提出用“自由数学”去取代“纯粹数学”

的名称。

于是，在康托尔看来，数学家就可以唯一地依据内在相容性去判断新概念的自由创造和应用的可接受性。也就是说，数学就其发展而言是完全自由的，唯一的限制只是它的概念不能包含内部矛盾，即新概念应源于先前已给出的定义、公理和定理的明确关系。只要新数是明确定义的，且与其他类型的数既相区别又彼此相异，这种数就应当被看成是存在的。

为了替自己辛勤创建的超穷集合论争得数学上的一席之地，康托尔不得不引证数学史上著名人物的工作，进行评判性的分析，并运用数学的、哲学的、逻辑的甚至神学的武器进行激烈的论战。康托尔认为，数学已经被证明有权从形而上学的桎梏中得到自身的解放，任何限制或不自然的哲学前提必将延缓甚至阻碍数学的发展。这事实上就是康托尔对于数学性质的最基本见解。

1886 年，哥德伯累特发表了一篇文章，其中援引了康托尔的集合论来为他自己关于无穷的哲学和神学性质的观点进行辩护。他意识到，随着康托尔的数学和哲学思想的出现,关于无穷的研究已进入了一个新时期。他主要关注的是数学的无穷对于上帝所独有的无穷本性的挑战。他和康托尔就这个问题通了几次信,而这更激起了康托尔对于超穷数理论的神学意义的浓厚兴趣。康托尔断言,超穷数并没有削弱上帝的无穷性,恰恰相反,正是超穷数,事实上使上帝更加至高无上了。康托尔很快在罗马天主教会的神学家那里找到了安慰和支持,这是他在数学家那里从未得到过的。

自1879年以来,德国盛行着一种崇尚科学思想的社会风气。一些天主教的学者对各门自然科学进行了仔细的研究。这种现象与当时的教皇利奥十三力图使科学上的新发现与圣文经典以及教会的权威相调和有着直接的联系。教会的最终目标在于使科学与天主教哲学的基本原则相一致。利奥十三的教义还在德国人中间激起了这样的兴趣,即如何去调和康托尔关于绝对无穷的理论和天主教的教义。在这方面,哥德伯累特的工作是非常重要的,他是研究哲学和神学的学者,并在神学院讲授过自然科学。

哥德伯累特曾受到过这样的指责:由于实无穷

是自相矛盾的，因此任何支持实无穷的企图都是注定要失败的。他在答辩的文章中说，就像贝克莱利用上帝作为外部世界真实性的保证人一样，上帝也确保了康托尔超穷数的存在性。他甚至争辩道，由于上帝的思想是永恒不变的，因此圣明思想的总和必须构成一个绝对无穷的、完成的封闭集合，而这就可看作像康托尔的超穷数那样的概念具有真实性的直接根据。人们或者必须承认实无穷的存在性和客观性，或者放弃上帝绝对观念的无穷智慧及其永恒性。

这样，哥德伯累特就从哲学和神学方面激励了康托尔对自己工作的热情。其依据上帝的无穷智慧来论证超穷数的客观可能性的见解，对康托尔那样的从小就具有强烈宗教信仰的人，无疑有着极强的吸引力。这也是对康托尔的柏拉图主义观念的一种补充。按照后一种观念，实无穷的合理性是唯一地依赖于理智的无矛盾形式而存在于观念的永恒世界之中的。

一些天主教的学者所关心的一个主要问题是，超穷数究竟是一种"可能的"存在，还是一种"真实的"存在，哥德伯累特清楚地认识到自己在这点上与康托尔的分歧，他把实无穷看作一种"可能的"存在，即是上帝头脑中的一种非物质的存在，但他并不承认具体的客观的超穷。他的这一观点是与他的老师弗兰西林主教相一致的。弗兰西林把康托尔关于超穷数存在于自然界中的观点形容为一种危险的立场，认为这是站不住脚的，并在一定程度上包含了泛神论的错误。

康托尔给弗兰西林写信指出，除了"可能的"无穷与"真实的"无穷的区分以外，还应注意绝对的无穷与真实的无穷的区分；前者是上帝所特有的，后者则见之于上帝所创造的世界，并以宇宙中对象的实无穷数为其典范。康托尔的解释使弗兰西林主教的立场有所转变，因为在主教看来，做出这种区分之后，康托尔的超穷概念就不再是对宗教真理的威胁了。

对弗兰西林的认可，康托尔颇感自豪。他提醒他的教会朋友们：主教的权威保证了超穷数理论并不构成对宗教的任何威胁。事实上，康托尔认为，超穷的真实存在正是上帝的无穷性存在的反映。他还提出了关于超穷的真实存在的两种论证。其中之一是先验的，认为基于上帝的至善至美，即可由上帝的概念直接导致超穷数创立的可能性和必要性；另一方面则是后验的论证，这是指仅仅依靠有穷的假定不可能对自然现象做出充分的解释。无论如何，康托尔认为，他已经证明了接受真实存在的超穷的必然性，而且在这种论证中，康托尔毫不犹豫地求助于上帝。

就这样，暂时脱离了数学伙伴的康托尔，很快在教会的哲学家和神学家朋友中找到了安慰，获得了勇气，复活了自信心。他从另一方面享受到了创建超穷集合论的欢乐，那是心灵中的无穷欢乐。他又一次遥望繁星点点、深奥无穷的夜空，耳中似乎又响起了那种多年前听到的神秘的声音。康托尔把自己看作上帝的一个使者，肩负着一种神圣的职责，即以上帝所恩赐的知识去防止教会在无穷性质的信条上可能发生的错误。

第七章 双重磨难 其苦无边

康托尔对上帝是无限虔诚的,但是上帝对康托尔的困境却无能为力。康托尔是人,他不能离开人间烟火,不能不吃饭穿衣,养家糊口。家庭经济问题逐渐成了他肩上越来越沉重的负担。

1887 年秋天,康托尔一家被迫搬离教授别墅区,来到了离学校较远的住所。这是一套极普通的三居室单元房,房租仅为教授别墅区的五分之一。从刚结婚时夫妇两人住一层楼,到现在一家 6 口住 3 间房,相比之下,康托尔心中的失落感油然而生。大女儿 12 岁,今年开始上中学。大儿子 9 岁,读小学三年级。二女儿 6 岁,刚入小学。去年刚刚添了个漂亮可爱的二儿子鲁道夫,而现在古德曼又有了身孕。人口越来越多,房子越住越小,家庭生活水平也日渐下降。

几年来,康托尔一直感到他的工作未受到应有的重视。他对德国的某些数学家对他的偏执态度十分不满,逐渐对德国数学界失去信心,并离开数学研究而更多地转向其他领域,甚至在专门讨论哲学问题的杂志上发表文章,集中论证他的理论的哲学基础。1884 年末,他似乎完全丧失了对数学的热情,由讲授数学改教哲学。一些数学教授和哲学教授对此议论纷纷。校方对康托尔说,你是数学教授而不是哲学教授,若坚持讲授哲学而不讲授数学,则只能领讲师的工资,享受讲师的待遇。康托尔采取无所谓的态度,仍然教哲学。于是校方对康托尔采取的降职、减薪、收回教授别墅住房等措施便一个接一个地出现了。

康托尔一直想到格丁根大学或柏林大学寻找一个更受人尊敬的教授职位,但由于克罗内克的阻拦,这一愿望始终未能实现。他已放弃在数学杂志上发表任何文章,并断绝了和柏林数学权力集团包括库默尔、克罗内克、外尔斯特拉斯、许瓦尔兹等人的联系。

哈雷大学领导层中的一些人也无法容忍康托尔小看自己学校的言行,视他为异己分子,因而总找机会激怒他。但是,康托尔不得不继续留在哈雷大学忍受不公平的待遇。由于克罗内克的中伤,他知道要求到别的大学去当教授也是很困难的。他抱怨自己薪水太低,以致妨碍了他与外界的正常的学术交流。

母亲鲍约姆听说康托尔搬了家,便非要从柏林老家到长子的新家看看。于是,28 岁的弟弟康士坦丁便护送 68 岁的母亲去哈雷。穿着军便服、身强体壮的康士坦丁正在部队服役,他正赶上休假期间,便从朋友那里借了一辆蓝色的蒸汽小汽车,从柏林开到了康托尔家门口。

当康士坦丁搀扶着母亲出现在康托尔和古德曼面前时,大家都显得十分高兴。奶奶抱过第一次见面的小孙子鲁道夫,眯着布满皱纹的双眼,开心得笑起来。康托尔看着 3 年未见面的母亲,她真是显得老了。父亲去世已经 24 年了,母亲独自支撑着这么大的一个家,让 6 个儿女都长大成人,除了弟弟之外,兄妹 5 个都已各自成家立业,真不容易啊!父亲留下的钱要不是母亲精心地计划安排使用,恐怕早就靠借债度日了。康托尔是个孝子,心中十分感激自己的母亲,但由于自己的薪水低,又不能多照顾母亲,他感到非常内疚和痛苦。

大家坐在一起拉家常,总有说不完的话。康托尔谈到父亲的往事,问到姐姐、妹妹、弟弟各家的情况……不觉太阳西沉,霞光盈窗,上中学、小学的3个孩子相继放学回来了,古德曼忙着准备晚餐,大女儿也去帮忙。

当天全黑下来的时候,客厅的方桌上已摆上了煤油灯,康托尔夫妇准备了一顿较为丰盛的晚餐,有面包、炸土豆条、炒鸡蛋、蔬菜、紫菜汤等。古德曼抱着小儿子连吃带喂。孩子们吃得兴高采烈,有好些日子没吃到这么好的晚餐了。几个大人边吃边说,似乎觉得席间还缺点什么,康托尔突然说:"对了,还缺瓶酒!"就起身去厨房,然而却空手而回,抱歉地说:"没找着,噢,早就没酒了。"康托尔想去街上买,康士坦丁说:"不要买了,妈妈年纪大了,早就不喝了。我明天上午要开车回去,晚上也不喝。"

晚上,鲍约姆、康托尔、古德曼和康士坦丁围坐在方桌边，边喝咖啡边说话。古德曼不时去招呼孩子们洗脸、刷牙、洗脚，并整理好书包，让他们早点睡。小儿子早已进入了梦乡。婆婆看着儿媳妇挺着大肚子来回忙着，就对康托尔说："这次我给你们带来了1 000马克。你们得增加营养，还得请个保姆。"康托尔不好意思地想推托。母亲慈祥地说："我在柏林时听海涅谈到你们的近况，这次来又看到了你们的窘况，现在是你们最艰苦、最困难的时候，我们不帮谁帮?"弟弟也说："大哥，你就拿着吧。兄弟姐妹6人，现在就数你难啊!"康托尔只好收下了母亲的钱。

晚上，3个孩子1间房，婆媳和小孙子1间房，兄弟俩1间房，就临时住下了。哥俩躺着又说了不少话。康士坦丁劝说哥哥发挥特长，回到数学研究上，打主动仗，才能摆脱被动局面，并谈到常听母亲说："父亲坚信康托尔一定能成为数学新星。"康托尔表示自己会很好地考虑弟弟的建议。

第二天上午，康士坦丁又驾着那辆蓝色蒸汽小汽车，与母亲一起辞别康托尔夫妇，返回柏林了。

康托尔终于采纳了康士坦丁的建议，在1888年春季学期，他又回到了数学教授的讲坛上。校方恢复了他的教授的工薪和待遇，但是住房问题却由于种种原因得不到及时的解决。康托尔只好每天乘坐公共马车奔走于住所和学校之间。

开学后不久，古德曼生下了他们的第5个孩子——三女儿珍妮。由于先天不足，小珍妮显得软弱无力，连哭声都不如别的孩子响亮。一位邻居来当保姆，这位中年妇女不爱说不爱笑，没给这家人带来一点儿快乐气氛。但干活很踏实认真，晚上又不住在康托尔家，工钱也就节省了一些。古德曼比较满意，但康托尔晚上却要照顾产妇、婴儿，常常影响睡眠，所以白天康托尔时常觉得头昏脑涨。

一天，一位来自X镇的学生来到教授的课间休息室，给康托尔捎来一小包衣物，说是尤丽阿姨托他转交的。康托尔喜出望外，连声说："谢谢，谢谢！"他简单地问了问尤丽的近况，知道她已经替父亲管理希尔伯特旅馆，身边有个两三岁的小男孩，挺活泼可爱的……上课的预备铃声响了，他们赶忙奔向各自的教室。

康托尔回到家后，古德曼高兴地拆开尤丽捎来的小布包，里面有两套漂亮的婴儿服装，一条小毛巾被，一些适合产妇的滋补食品。

又过了几天，康托尔收到了尤丽寄自X镇的1 888马克，并附言祝古德曼母婴身体健康。在1888年收到尤丽的1 888马克，对数字特别敏感的康托尔心中荡起了一股暖流。晚上，在夫人的催促下，他给尤丽写了一封长信，感谢她的祝福、关心和帮助，问候尤丽和她的父亲及丈夫和儿子，并介绍了他们3年来的大概情况……最后邀请尤丽夫妇有空时来家做客。

对于尤丽的资助，康托尔夫妇是抱着一种苦楚的心态暂时接受的，他们相约以后一定要加倍偿还。

有了母亲和尤丽的两笔钱，又恢复了哈雷大学的教授工薪，虽然仍然不多，但康托尔家的日子好过了一些。

但是好景不长。由于1887年2月德意志、奥匈帝国和意大利缔结了第二次侵略性条约，3月国会通过扩军法律，6月德、俄订立了互相遵守中立的“再担保条约”，战争的乌云正在逐渐笼罩着德国，扩军备战、经济紧缩、货币贬值、物价飞涨正威胁着平民百姓的生活。一年多之后，百姓怨声载道。

夏秋之交，两岁的儿子鲁道夫突然患病，一天拉稀十多次，两天下来竟连哭的气力也没有了，脸色死灰，奄奄一息。康托尔送他去医院，住了两天院仍不见好转。古德曼泪流满面，奶水也没有了，小珍妮只好靠喝牛奶充饥。康托尔追问主治医生，医生说，大便化验没发现痢疾杆菌，先按急性肠胃炎治治看吧。康托尔又询问一位年轻的医生，年轻人说："我怀疑是痢疾，化验不出来不一定就不是。不过我是实习医生，没有处方权。你还是自己去求主治医生，让他按痢疾治治看。"第三天，鲁道夫出现昏迷，主治医生只好同意康托尔的要求，"死马当活马医"，开始按痢疾治疗，当天便出现了转机。又过了 5 天，奇迹出现了，鲁道夫病愈出院。

小儿子的这场病差不多花费了 1 000 马克。为了节省开支，康托尔夫妇只好辞退了保姆。古德曼真是一位贤妻良母，既要照管着相差两岁的两兄妹，又要买菜、做饭、洗衣，还要关照 3 个上学的儿女。康托尔课余也得干些买煤、买粮、维修家庭用品等家务。原来那个保姆是个好心人，由于她们还是邻居，有时也主动过来帮助古德曼缝缝补补。瞧，这就是当时德国的一位名教授的家,多让人心酸!

康托尔的家庭并未摆脱经济困难。5 个孩子将来的教育费用,对康托尔构成一个潜在的精神负担。他们怀着一种积少成多的心态,一马克一马克地积攒着。

学校管总务的副校长是一位追随数学权威克罗内克的坚定的"有穷论"者,他对康托尔的工作总抱着怀疑的态度。关于调配住房问题,康托尔找过他几次,他均盛气凌人,以权压人。"要调校内也行,得交 25 000 马克!"康托尔气愤地说:"你们一个月才给我多少马克?我到哪儿去给你们弄 25 000 马克?请问,你家住校内整栋小别墅,自己掏了几个马克?"气得康托尔再也没因为住房问题而去找这位副校长。

43 岁的康托尔和 38 岁的古德曼相互搀扶着走在艰难的人生道路上。按说这个年龄段,正是中年夫妇共尝第二次青春的黄金年华,但他们却选择了苦行僧似的生活方式。每天晚上,3 个学龄孩子共处一室,古德曼照顾、哺育两个小儿女在另一室,而康托尔在最小的书房兼卧室中常常工作到深夜才休息。

此后，康托尔的注意力又回到了数学研究上来。1887 年至 1888 年，他在《哲学和哲学批判》杂志上陆续发表了一个长篇论文《关于超穷数的通讯》，除了涉及哲学和神学外，在其中的一章《序型理论》中讨论了纯粹的数学问题。

在《序型理论》中，康托尔采用概括和抽象的方法，给出了集合的含义。给定一个集合，它应当被理解为一种"自在之物"，无论这一集合是由客观对象还是由概念所组成的，而且它们作为一般概念是否与其顺序有关。康托尔用 $\overline{M}$ 表示集合 M 的序型，一杠表示对元素的质的特性的一次抽象。用 $\overline{\overline{M}}$ 表示集合 M 的势，两杠表示两次抽象的结果，首先从给定的元素中抽去它们的特殊性质，再抽去元素之间的顺序特性，以强调在定义势这一概念时的抽象过程。从认识论的角度来讲，这些区别是很重要的。

几乎在康托尔的所有著作中，在引进超穷数的每一阶段，他都以极大的努力去论证它们在数学中的合理性。在《序型理论》中，他特别强调，有关超穷数的定理是"从一些定义出发，依靠逻辑证明的力量得出的，这些定义既不是人为的，也不是任意的，而是由抽象过程自然产生的。”在康托尔为建立超穷集合论的斗争中，有一个存在争议的问题：在数学中，序数和基数究竟哪一个是初始的概念，哪一个更基本？如果将序数概念看作是基本的，那么任何有穷的和无穷的数都能够通过只使用顺序和后继的概念得到系统阐述，但这一过程是不完全的，因为对任何一个数总可以产生新的后继，这样就只能产生有穷数，康托尔的第一个超穷数永远不会达到。如果一定要将这一过程作为数概念产生的基础，由于超穷数不能由有穷归纳产生，因此就不能说它们是存在的。这样一来，康托尔的整个超穷数理论就很容易被克罗内克等人驳斥为“精心编造的神话”。于是，康托尔很自然地坚持与序数概念相分离的基数概念，并使之完全独立于序数。

因此，在《序型理论》中，康托尔首先简要地刻画了基数理论的概貌，然后才较为详细地考察了序数的性质。他概述了序型的一般理论，并引进了 n 维序型、纯序型、极大序型、共轭序型等概念。由于纯序型的集合总是一良序集，康托尔将这些序型称为序数。他强调，对于任何具有有穷基数的集合，只存在唯一的纯序型,即只有唯一的序数。但对于无穷集合,对应于同一基数,可能有任意多纯序型。例如,具有第一种势的自然数集和有理数集,分别有序型 ω 和 η。《序型理论》还进一步讨论了有关计算纯序型和极大序型的数目等问题,而对于连续统的势和[0,1]中的实数集的序型,直到最后也没提出什么新见解。

通过努力探索,康托尔又发表了几篇论文,其中称得上重要进展的是对势和序型的概念所赋予的极大的一般性,即对超穷基数和超穷序数的研究,并提出了一整套给人以深刻印象的新思想,希望能找到解决连续统问题的新途径,以揭示连续统序数的最一般特性。自 1883 年《集合论基础》问世以来,集合论经历了自身的巨大转变,它脱离了点集,开始在一个更抽象的领域中创造。但是,在康托尔证明他的理论的客观性和有效性之前,康托尔的新思想一直被视为人为的和虚幻的。

虽然,康托尔在 19 世纪 80 年代取得了一些成绩,但仍然有两大问题悬而未决。第一个问题就是实数连续统的基数问题。康托尔相信第二数类的势等价于实数连续统的势，但是他经过长期苦思冥想，多次探寻，仍未能证明这一点。第二个问题是超穷基数的性质和地位问题，然而，当时连表示超穷基数的标准记号都尚未确定。康托尔只是暂时从超穷序数的符号中借用 ω，而用 $\overset{*}{\omega}$ 表示第一个超穷基数，他也认识到这显然是不合适的。

在康托尔的一生中，有很长的时间是在艰难中跋涉前行的。来自事业和家庭生活中的双重磨难，有时使他感到痛苦是那样的无边无际，但有时又使他体验到献身科学、无私无畏的英雄主义真能给人以化苦为甜的力量。

第八章　尤丽助师

杀出重围

19 世纪 90 年代的第一个春天来得格外早，到处春意盎然，生机勃勃。

尤丽和康托尔、古德曼之间通信往来不断。尤丽的父亲在年前病逝之后，她与母亲商定，把希尔伯特旅馆卖掉，但保留作为住所的“无穷号房间”，与旅馆之间用围墙隔开，成为单独一个院落。古德曼希望尤丽一家迁到哈雷城住，以继续她们之间的姐妹情缘。尤丽提出了一个大胆的设想，在哈雷大学门前的街旁开设一个集餐饮、住宿、娱乐于一体的综合性旅馆，赢利所得一方面用于改善两家人的生活条件，另一方面用于扩大和方便先生的学术交流活动。她的设想引起了康托尔的极大兴趣，古德曼也认为尤丽有这方面的经营经验，自己也愿意协助她。康托尔很快写了一封长信，肯定了尤丽创办实业的设想，并对其可能性、现实性、方法、步骤、预算等进行了一番学者式的探讨，最后，他虔诚地赞叹尤丽是上帝派来帮助自己的使者，但担心计划可能因资金短缺而实现不了。

初夏的一天，穿着艳丽、打扮入时的尤丽来到康托尔家，现出光彩照人的风姿。她和热情的康托尔夫妇正攀谈着阔别5年多来的种种话题，康士坦丁也应哥哥的邀请准时来到。他们要举行一次重要的会议，商谈创办旅馆，帮助康托尔杀出由各种困难和论敌形成的重围，开创超穷集合论研究和传播的新途径等问题，特别是要研究如何落实的具体细节。现在仍在部队中服役的康士坦丁是一位军需方面的军官，谈话中特别爱使用“包围”“突围”“主攻方向”“即时供给”等军事术语。由于重要问题在这之前已在通信中讨论过，所以时间不很长，他们就取得了一致的认识，并做了当前的大体分工。尤丽出资50万马克创办“尤丽旅馆”，康托尔出面请哈雷律师事务所代办有关的各种市政工商法律手续，康士坦丁负责通过柏林的熟人联系建筑设计和施工事宜。

此后有关的事情进展顺利。到年底，一幢4层的漂亮大楼已出现在哈雷大学东大门外的前街旁，建筑面积5 000平方米，第一层是餐饮部；第二、三层是客房部；第四层是歌舞厅、健身中心和会议中心；旅馆占地面积2 000平方米，包括1 000平方米的后院，东边建有两层职工单身住房，西边建有两栋两层单元式小楼。

冬天里，旅馆的装修工程紧张地进行着，直到1891年初春才完工。

1891年2月底，康托尔一家7口搬入旅馆后院靠北的那栋两层单元式小楼，楼上有3间卧室和1个中厅，楼下有客厅、餐厅、厨房、浴室等，餐厅内有木梯通楼上。孩子们一搬进来，楼上楼下乱跑，高兴极了。3月1日，尤丽和母亲、儿子阿列文也搬来了，她们只带来一些随身的衣物，而旧的家具等全留在X镇的"无穷号房间"里，由远房亲戚照管，老人家惦着每年夏天回去住住。这里的家具全是新买的。

尤丽选择3月3日开业，因为这一天也是她和康托尔的生日。开业仪式很普通。在"尤丽旅馆"大门的正上方，悬挂着一条红底白字的横幅，上面写着：

“喜庆开业，优惠一日。”门前摆放着几个大花篮，是有关管理部门和同业友人送的。这天上午10时，请来的一支小乐队开始演奏乐曲。附近的行人也过来围观。古德曼陪同尤丽，与招聘来的20多位员工以及应邀而来的十几位贵宾，分两排站在门前的台阶上，摄影师忙着招呼站好。合影之后，经理尤丽发表了简短讲话，感谢各界的支持，希望与同仁合作，共同服务社会。市府有关管理人员讲话，祝贺“尤丽旅馆”开业，希望合法经营、照章纳税、造福一方。在一片掌声中，古德曼和几位员工向围观的路人抛撒糖果。乐队停止演奏，开业仪式结束。贵宾们被请进一楼餐厅，参加招待酒会。尤丽身穿礼服，笑容满面，高举酒杯，大方地向贵宾们挨个祝酒，并不时说几句令人高兴的话。

此时，康托尔教授正在1千米外的哈雷大学大阶梯教室里讲授高等数学课。按照康士坦丁的战略战术，哥哥在尚未“突围”之前，应注意隐蔽、埋伏，避免引人注目，避免校方和“论敌”的无谓纠缠。因此，康托尔与“尤丽旅馆”的关系少有他人知晓。同事中有人知道他的家搬到了学校附近，但对这位拖家带口、经济困难、脾气古怪的先生，也不敢去套近乎，更不用说登门拜访了。

晚上，在尤丽家楼下中厅，汽灯挂在房间中央，新的大红漆圆桌上摆着丰盛的酒水饮料、冷盘热菜。两家合设家宴，为尤丽 28 周岁生日和康托尔 46 周岁生日祝福。3 代 10 人围坐在一起的场面很热闹。古德曼以主持人的身份首先让 5 个孩子从大到小，为爸爸和阿姨的生日各说一句祝贺的话，也让阿列文为妈妈和姨夫的生日各说一句祝贺的话。然后古德曼举杯祝丈夫身体健康、事业成功，祝妹妹财运亨通、生活幸福。康托尔和尤丽也举杯站起来，同向古德曼说："谢谢！"然后互致祝福："生日快乐！"并祝尤丽的母亲"健康愉快"。老太太高兴地说："一个是我的女儿，一个是我女儿的老师，同一天生日也许是上帝的安排……喝！干杯！"在大家的笑声中，在轻松、温馨的气氛中，宴会开始了。康托尔已经多年没有如此高兴、如此轻松地过生日了。这一切都是尤丽给他带来的。

其实，尤丽不光给康托尔的生活带来了变化，而且她还心甘情愿为康托尔义务当秘书，为了他的事业，经常为他抄写手稿、草拟信函以及做有关的资料卡片等，有时直至深夜。

康士坦丁是个乐观、繁忙的现役军官，虽过了而立之年，仍未顾及爱情和婚姻。他的眼光很高，对一些亲戚朋友为他介绍的姑娘都不屑一顾。但自从去年春天第一次见到尤丽，心中便放不下。他曾往 X 镇去过几封信，都未见鸿雁传来回书。休假时，他常往大哥、大嫂家中来，想探听点关于她的消息。那天，古德曼半开玩笑地对小叔子说：“你就死了那份心吧，她的儿子都 5 岁多了。别单相思了。”“那怎么总不见她的丈夫？也没听她谈起过。”“我也几次询问过她，但她总是神秘地笑笑，说那是暂时的秘密，孩子的父亲是位使自己倾心献身的大好人，总有一天他会来找她们的，而现在也许他还远在天边……”于是，康士坦丁也只好尘封了心中萌发的爱情，把尤丽实实在在地看作大嫂的妹妹。但是对他来说，尤丽毕竟像块磁力强大的磁铁，而他自己就像块铁。自“尤丽旅馆”开业以来，即使遇上休两三天假，他也要从柏林赶来，看看她漂亮的身影，听听她银铃似的笑声，似乎都是一种心灵的享受。他给大哥、大嫂带来母亲和其他哥哥、姐姐各家的消息,给侄儿、侄女和阿列文捎来一些首都时兴的小玩意儿,当然也少不了给尤丽和她母亲及大哥、大嫂捎点小礼品。康士坦丁成了“尤丽旅馆”后院最受欢迎的人。对康托尔来说,康士坦丁简直就是自己的公共关系顾问和战略参谋。他倾听康托尔对德国数学界的现状的综述和分析,提出借用当代杰出的无产阶级革命家马克思和恩格斯的口号“全世界无产者联合起来”,联合一切对超穷集合论同情、支持、拥护的新老数学家,特别是年轻一代数学工作者,绕过柏林学院式权力的干扰,开创事业的新局面。对康士坦丁的建议,尤丽毫无保留地予以支持,她也谈了不少在X镇希尔伯特旅馆听说过的有关马克思和恩格斯的种种奇闻逸事,特别对他们的奋斗精神、长期友谊以及马克思和燕妮的爱情赞叹不已。尤丽表示,她乐于承担康托尔的秘书的工作,一切费用她也乐于资助……这次小聚,连康士坦丁也把尤丽看作“天仙”级的人物了。

不论处境怎样困难,康托尔献身数学的信念都是坚定的。他决不放弃超穷数和超穷集合论。尽管他有时放弃了研究工作的最表面和社交期望的方面:发表论文。他对数学的信仰并未动摇,对于这一点,没有比康托尔企图从“德国科学和哲学协会”(简称 GDNA)中分离出数学的独立组织所做的不懈努力更说明问题的了。

GDNA 是 1822 年由劳伦兹·奥肯创立的,其中有一个数学-天文学分会。GDNA 成立后,既无常设机构,又无固定地点,作为一个松散组织一直未得到应有的重视。协会在管理上的相对不稳定状态持续那么久,对数学家在分会的工作有很大影响,1867 年,就有人提出从 GDNA 中分离出一个数学家的独立组织,但并未有人为实现这一目标而迈出实质性的一步。

到了 19 世纪末,数学较 GDNA 创立时已发生了惊人的变化,它越来越专门化,越来越具有特殊性,而且研究纯粹数学理论的数学家也日益增多。同时,数学和天文学的区分越来越明朗,显示出不必要再在 GDNA 中共存,而且现在天文学家已经开创了从 GDNA 中分离出自己的组织的先例,看来建立数学家的独立组织是完全必要的。

在创立“德国数学家联合会”(简称 DMV)的过程中,康托尔被公认为具有卓越的领导才能。他能在短时间内筹集到为数不小的费用,能在短时间内草拟并发出一大堆征求意见的信件,并以高度的热情帮助青年数学家,调和经常出现的一些分歧。他之所以如此热心这一工作,是希望提供一个新的学术论坛,使数学家可以自由地表达自己的思想,而不必担心来自少数数学权威的带有偏见的攻击和不公正的批评。康托尔认为,自己的工作所遭遇的不幸,完全是由少数德国数学家的压制政策所造成的,这种政策使得某个权威可能毁掉任何一位年轻数学家得到承认的机会。例如,克罗内克有一次在讲演中说,康托尔的思想可以“使整整一代读过康托尔集合论那类骗人的鬼话的年轻数学家丧失信心”。为了替年轻数学家争取到康托尔自己从未享受过的保护,康托尔希望 DMV 能冲破少数数学权威编织的无形的网,创造一种无偏见的自由的学术气氛,成为一个公正自由的学术讲坛。

尽管康托尔与克罗内克长期互相敌视,但考虑到克罗内克的年龄和在德国数学界的地位,康托尔还是邀请克罗内克参加 DMV 的第一次会议。当然，这样做也并不完全是无私和宽宏大量的。事实上，1891 年 6 月康托尔曾写信给他的朋友舍恩弗利斯谈及此事，说这样做是希望给克罗内克一个机会，使他对康托尔的理论提出公开的反对，至少请他重述在那次讲演中对康托尔的攻击。假如这样，康托尔相信“将有多少先前盲目的人第一次睁开双眼”。当然康托尔也知道，DMV 的第一次会议不应成为尖锐争论的舞台，在这种场合发泄私人怨恨是不合适宜的，但至少可以使集合论和康托尔关于无穷的见解有机会得到公开的论证。

出乎意料的是，克罗内克由于妻子的突然去世而未能到会。他写信给朋友，坦率地赞扬联合会的宗旨，并预祝大会成功。

1891 年，在 DMV 第一次会议的开幕式上，正式宣布成立德国数学家联合会，康托尔当选为主席，克罗内克当选为理事。

在创立 DMV 的过程中，康托尔始终表现出极大的热情和无限的活力，不停地为大会的事务奔走着、忙碌着，有时甚至彻夜不眠。尤丽就曾忧虑地对古德曼说，要在适当的时候劝先生多注意休息，别让1884年春天的躁狂抑郁精神病复发。

在开会期间，康托尔仍然处于精神亢奋之中。有一天，舍恩弗利斯正在睡觉，康托尔使劲敲着窗子说，还有比睡觉更重要的事情要做呢！

康托尔在大会上宣读了一篇论文，介绍了他经过5年多时间进行数学研究的部分重要结果，并对不可数集的存在性给出了一种全新的证明。他不满意自己1874年的那个证明，希望建立一个不仅仅依赖于实数连续统的特性的更一般的证明。正如他自己所指出的："这个证明看上去是超乎寻常的，不仅因为它极端简洁，也因为它所使用的原则可以直接推广到更一般的定理中，例如可以用来证明，任给集合，总能找到其势大于它的势的集合。"

新的证明使用的是著名的对角线方法。给出两个元素 m 和 ω，考虑形如

$$E=(x_1,x_2,\cdots,x_n,\cdots)$$

的元素组成的集合 M，其中 x_n 或者是 m，或者是 ω。例如

$$E'=(m,m,m,m,\cdots)$$

$$E'' = (\omega, \omega, \omega, \omega, \cdots)$$

$$E''' = (m, \omega, m, \omega, m, \omega, \cdots)$$

康托尔证明 M 是不可数的,即给出了如下定理的一个强有力的证明:

定理:如果 $E_1, E_2, \cdots, E_v, \cdots$ 是集合 M 中任何一个元素的无穷序列,则总存在一个 M 中的元素 E_0 不在这个序列中。

首先,康托尔给出如下排列的 E_v 的一个可数序列

$$E_1 = (a_{11}, a_{12}, \cdots, a_{1v}, \cdots)$$

$$E_2 = (a_{21}, a_{22}, \cdots, a_{2v}, \cdots)$$

$$\cdots$$

$$E_u = (a_{u1}, a_{u2}, \cdots, a_{uv}, \cdots)$$

其中,每个 a_{uv} 或者是 m,或者是 ω。

然后,康托尔定义一个新的序列

$$b_1, b_2, \cdots, b_v, \cdots$$

其中 b_v 或者是 m,或者是 ω,使得 $b_v \neq a_{uv}$,这个序列形成 M 中的一个元素

$$E_0 = (b_1, b_2, \cdots, b_v, \cdots)$$

显然,对于 v 的任何值,$E_0 \neq E_v$,因为无论如何,元素

E_v 总在第 v 个指标上与 E_0 不同。

对角线方法以一种极简洁的形式(只使用两个元素),直接建立了由良定义集的势构成的上升序列无最大数的证明,即任给集合 L,总有其势大于 L 的势的集合 M 的存在。

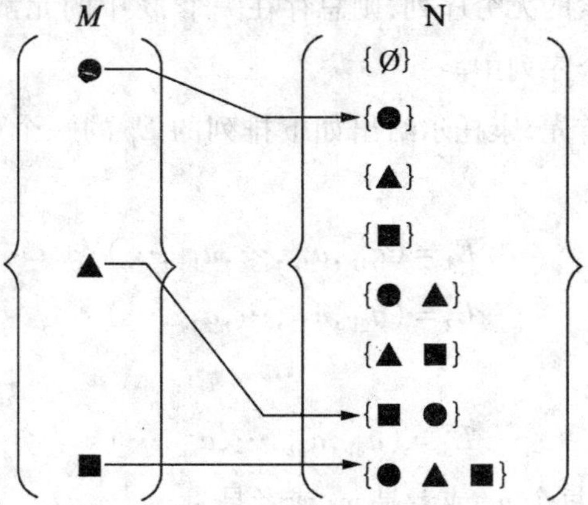

命m为集合M的任一元素。例如:

IF m=●, $f(m)$=f(●)={●}
IF m=▲, $f(m)$=f(▲)={■●}
IF m=■, $f(m)$=f(■)={●▲■}

命S={集合M的全体不属于$f(m)$的元素m} 例如:

● 属于f(●) 因为f(●)={●}
▲ 不属于f(▲) 因为f(▲)={■●}
■ 属于f(■) 因为f(■)={●▲■}
所以S={▲}, 注意S是N的元素

图 10　关于子集集合的势

作为一个例子，康托尔考虑区间(0,1)中全体实数的集合 L，可以证明，对任何 $x\in(0,1)$，仅取函数值为0和1的单位函数 $f(x)$ 的总体，其势就大于 L 的势。依照康托尔引进的这种方法，可以证明对任何集合，它的所有子集所构成的集合，其势必大于原集合的势（见图10）。假定在任一集合 M 及其全体子集的集合 $\mathbf{N}$ 之间存在一个一一对应关系 f，则能构造出一个子集 S，它不包含在这个一一对应关系中，无论这个对应关系 f 是什么。为了理解这个构造过程，考虑一个由三个元素组成的有限集 M（图中分别用不同形状的图形代表这三个元素）。这个集合有8个子集（包括空集 $\varnothing$，即不含任何元素的集合）。令 S 为 M 中所有那些不属于子集 $f(m)$ 的元素 m 的集合（$f(m)$ 是与 m 相对应的子集）。例如，本图中的 S 仅包括一个元素，即图形▲。由于 S 是 M 的一个子集且已假定 f 为一一对应关系，故 M 中必有一元素 a 与 S 对应，换言之，即 $f(a)=S$，a 或为 S 的元素，或不为 S 的元素。如果 a 为 S 的元素，则因 $f(a)=S$，则 a 亦必为 $f(a)$ 的元素；但另一方面，根据 S 的定义，如果 a 为 S 的元素，则它不可能是 $f(a)$ 的元素，因而 a 也不

可能是 S 的元素。但是,如果 a 不为 S 的元素,则根据 S 的定义,a 必为 $f(a)$ 的元素,又因 $f(a)=S$,a 亦必为 S 的元素。这样,无论 a 是或不是 S 的元素,集合 M 与其全体子集所组成的集合间可以一一对应的假定均导致矛盾,故此假定不成立。同样可以证明,即使对无穷集合来说,其全体子集的集合也较之原先集合为大。这样,可以做出任一无穷集合 M 的全体子集的集合 **N**,然后做出 **N** 的全体子集的集合 P,如此不断进行下去,就可以构造出越来越大的由无穷集合组成的一个无穷序列。这个序列中不存在最大的集合。也就是说,对任何集合,它的所有子集所构成的集合,其势必大于它的势。由此就可以断定,作为超穷集合的势,存在着无穷上升的超穷基数。这一结果显然是十分重要的。

人们已经确认了有穷基数的存在性,现在无穷基数也获得了同样的真实性和确定性,因为后者也被看成(超穷)集合的势,从而就是一种十分自然的推广。势的概念在超穷数和超穷集合论的发展中起了统一和综合的作用。康托尔还突出强调了有穷基数和超穷基数就是有穷集合和无穷集合的势。

1891年,克罗内克去世。对康托尔超穷集合论发展的阻力似乎一下子减少了。

1891年是康托尔战斗人生中难以忘怀的一年。他在尤丽、康士坦丁及数学界中一些朋友的支持、帮助下,终于走出了困境,突破了重围,取得了重大的成绩。他已经在德国数学界站稳了脚跟,下一个目标便是走向世界,把超穷集合论推向世界。

自从DMV成立后,在康托尔的头脑中就产生了一个想法:发起一次国际数学家大会,使全世界数学家联合起来。康托尔已经意识到,数学在德国和欧洲已经相当成熟,应当为数学家们提供一个更广阔的学术舞台,而且国际数学家大会可以依靠其成员的广泛性而创造更大程度的学术自由。如果没有一个中心组织,想召开在世界范围内有影响的大会是极为困难的,而DMV的成立已经为此做了必要的准备,因此组织这样一次国际大会也是完全有条件的。发起国际数学家大会的另一个原因,是康托尔希望自己也能借此脱离德国数学家的封闭圈子,摆脱他们的影响。

对于发起国际数学家大会的提议,虽然很少有人出来反对，但没有人情愿做组织工作。而 DMV 中就有人不赞成主动承担大会的筹备工作。康托尔当仁不让，自命领导，主持联络和组织工作，就像力促 DMV 成立那样，充满热情地为大会的召开而努力着。

作为个人为迎接第一届国际数学家大会的准备，康托尔于 1895 年至 1897 年发表了最后一部，也是最重要的一部著作《超穷数理论基础》。当面向全世界那些不怀敌意的、愿意了解他的同时代人介绍自己的工作时，康托尔终于选定一种直接的、坦率的方式阐述他那极富创见的新思想。经历了20 年之久的艰苦探索，康托尔希望总结一下超穷数理论严格的数学基础。

《超穷数理论基础》初稿的第Ⅰ、Ⅱ部分都使用康托尔的专栏标题，分别于 1895 年 5 月和 1897 年 5 月发表在《数学学报》上，主要内容随即被译成各种文字。

康托尔关于自然哲学和形而上学方面的立场，尽管没有从《超穷数理论基础》的数学内容中直接显露出来，但这种哲学思想却像流淌于该书的一股涓涓细流贯穿始终。与《集合论基础》从关于实无穷概念的长篇论证开始不同,《超穷数理论基础》是以叙述集合论的基本原理开篇的。在这里,康托尔对于他的理论的哲学基础问题并不企图解释什么,这方面在《集合论基础》中做得够多了。他开始意识到,最近10年,为了论证超穷数的合理性,他向哲学界、神学界和数学界所做的呼吁是徒劳的,超穷数理论只能由数学家以他们特有的思维方式做出正确的评价。因此,他准备尽可能清晰地提供这一理论的基本轮廓,希望由此引起数学家对于它的新认识。

《超穷数理论基础》的第一段话是那个关于集合的经典定义,它定下了全书的基调:“定义:集合 M 是能够明确区分的思维或感知的对象 m(被称为 M 的元素)的总体。”康托尔又一次不厌其烦地定义集合的概念,间接地表明《超穷数理论基础》与《集合论基础》将有很大不同。10年前,他几乎完全是在点集的领域内工作,集合这一术语是有特定内涵的。为了避免这一局限性而发展一种完全一般的理论,必须搞清抽象意义上的集合概念。康托尔之所以对作为一个“总体”的集合感兴趣,是因为由此出发可以定义超穷数。如果不将全体自然数1,2,3,…想象为一个总体、一个完成了的集合，就不可能产生哪怕一个超穷数。

在《集合论基础》中，康托尔已经将势作为集合的基数谈及过，在这里，他又给出了如下的势的定义："集合 M 的势（或基数）是由集合 M 借助我们思维的能动性产生的一个一般概念，是从集合 M 中抽去元素 m 的质的特性及在 M 中的顺序特性而得出的一般概念。"这一定义和 1878 年的定义的区别之处在于，康托尔强调在由集合的元素抽象出基数概念的过程中"思维的能动性"。他仍采用当年引进的记号 $\overline{\overline{M}}$ 表示 M 的基数，然后又补充说，如果不考虑其特性，从每个单个元素 m 中都可产生一个"单位"，因此基数 $\overline{\overline{M}}$ 也是一个确定的集合，它由那些"单位"组成，并作为给定集合 $\overline{M}$ 的一种理智的摹写和投影存在于我们的头脑中。这里强调的"思维的能动性"和"理智的投影"之间的联系是很重要的，它可以帮助我们理解康托尔为什么采用这样一种定义势的概念的方式。这里，势被定义成集合在我们的头脑中的"理智的投影"，从而就不必像当年那样，一方面是集合中数的具体真实性，另一方面又要区分与集合相对应的超穷数的抽象真实性。康托尔最终认定集合和超穷基数都“存在于我们的思维中”,从而有穷基数或超穷基数就都是作为集合的固有成分内在地存在的。

从本体论意义上讲,基数的这种特性对于康托尔是非常重要的。如果集合论中所有要素都在相同的层次上同头脑中的概念和映象具有同样的真实性,就不存在对于任何客观真实对象的依赖。无论是点集,还是其他空间要素或时间序列,都与超穷数的可接受性无关。它们必然地、绝对地依赖于集合自身的存在。从而,集合作为头脑中的抽象对象,其真实性就直接扩展到超穷数,即它们被赋予了相同意义的真实性。

《超穷数理论基础》中关于集合的等价和基数的顺序关系,基本上与1887年给出的一致。在第二章中引进如下定理,但是没有证明:“如果 a 和 b 是任何两个基数,则或者 $a=b$,或者 $a<b$,或者 $a>b$。”康托尔虽已指明,任给两个基数 a 和 b,必有一种序关系成立,但他不能证明恰有一种关系成立。这样就不能建立一种有效的方法来比较超穷基数。超穷数理论中这一重要问题使该书一开始就出现了漏洞，这也是引起对康托尔的理论产生非议的重要原因。如果基数之间不能严格地加以比较，就不可能将所有基数排成一个序列。另外，如果连续统的势不是一个可比较的基数，绝不能期望它与第二数类的势相等，因为第二数类的基数是由良序集定义的可以比较基数。康托尔一直都在假定每个集合都能够良序化，从而所有基数都是可比较的，但他从未给出任何证明。

康托尔在《超穷数理论基础》中通过集合来定义基数的加法和乘法运算。在第四章中引进基数方幂的定义，它是通过覆盖概念给出的。

在第五章中，简单声明具有有穷基数的集合被称为有穷集合后，康托尔开始定义超穷集合及超穷基数。第一个超穷基数定义为全体有穷基数的集合的势

$$\aleph_0=\{\overline{\overline{V}}\}$$

康托尔感到，用人们所熟悉的希腊字母或罗马字母表示超穷基数都不合适，应当选择一套独特的记号。在选择记号这方面，康托尔向来很讲究。他选择了

第一个希伯来字母 $\aleph_0$（读“阿列夫 - 0”）来表示第一个超穷基数，因为这个字母代表数 1，此外它还代表一个新起点，康托尔确信超穷数理论标志着数学的一个新起点。

1895 年，超穷基数记法的最终确定，在康托尔集合论历史上是不应被忽视的。基数 $\aleph_0$ 显然在有穷集合和无穷集合之间起着关键作用。康托尔在第六章中，进一步刻画了 $\aleph_0$ 的特征。他指出，由于每个超穷集合 T 必有一个基数为 $\aleph_0$ 的子集，因此 $\aleph_0$ 是最小的超穷基数。康托尔还指出，从 $\aleph_0$ 出发，可以直接导出超穷基数的一个无穷的单调递增序列，其中每个超穷基数都被唯一确定，同时每个超穷基数都有一个确定的后继。对新定义的超穷阿列夫，康托尔只指出它们是超过 $\aleph_0$ 的，而后就搁置一旁，没再讨论。

在《超穷数理论基础》的第 I 部分，康托尔用最后五章专门阐述了全序集的一般理论。

这里，他从点集的特例中脱离出来，进一步抽象出集合理论。康托尔已经认识到，仅以基数来描述集合的丰富结构是不够的，必须同时摸清它们的纯粹顺序性质。该书给出了康托尔曾发表过的有关全序集和序型的几乎全部思想的综述,包括全序集的概念、序型的概念、序型与基数的关系、各种序型的联系、序型运算、基数运算与序型运算的联系、序型 η 和 θ 的一般刻画等。

1895 年就已经清楚地看出,该书的第Ⅰ部分是那个时代对数学的杰出贡献,无论它有多少不足,也无论还有多少已提出的问题尚未解决,该书仍不失为一部成功之作。

康托尔在《超穷数理论基础》第Ⅰ部分发表后 6 个月,就基本上完成了第Ⅱ部分的写作。早在 1893 年,康托尔发现了第一个集合论悖论,特别是最大基数悖论和最大序数悖论。这些悖论是他在企图建立超穷基数的可比较定理的过程中发现的,建立这一定理是为了处理每个超穷基数都是一个阿列夫,以及每个集合都能良序化等问题。1895 年,康托尔开始对这些问题感到忧虑。这是康托尔推迟发表该书第Ⅱ部分的原因。此后,他将主要精力放在连续统假设问题上,并准备将等式 $2^{\aleph_0}=\aleph_1$ 的证明写进第Ⅱ部分,但始终未能如愿。一年半后,为了第一届国际数学家大会的召开，他还是决定尽快在《数学学报》上发表《超穷数理论基础》的第Ⅱ部分。

在《超穷数理论基础》的第Ⅱ部分中，康托尔介绍了超穷序数和超穷基数理论的大部分重要内容，将超穷基数从$\aleph_0$扩展到第一个不可数的超穷阿列夫：$\aleph_1$阐述了良序集的特殊理论，定义了第二数类的基数，还大量研究了超穷算术，同时为定义超穷乘法和超穷方幂引进了超穷归纳法。但是，连续统假设问题像每个超穷基数是否都可比较等问题一样，仍未得到彻底解决。他对某些问题的处理也不能令人满意。例如，在第Ⅰ部分，他曾对由$\aleph_0$出发产生的基数序列

$$\aleph_0, \aleph_1, \aleph_2, \cdots, \aleph_v, \cdots$$

极感兴趣，而且做出承诺要建立一系列更大的基数，如$\aleph_\omega, \aleph_{\omega+1}, \cdots$的存在性，还要证明它们构成一个无穷良序序列。但是到了1897年，他既没给出$\aleph_\omega$的存在性证明，甚至也没有考虑任何超穷序型。他只是精细地处理了某些特殊的良序集，却没有一般性地讨论良序集的整体。当然，康托尔在该书第Ⅱ部分表达了将未完成的工作进行到底的信心，他相信

自己的理论的可靠性，对所提出的某些重要问题总会给出最终答案。作为该书的最后，康托尔对数论进行了深刻分析，以结束对超穷数理论的系统阐述。

在《集合论基础》中，康托尔就已经认识到良序集对于超穷数理论的重要性，因为它们的序型构成了有穷序数和超穷序数。因此在《超穷数理论基础》中，他集中阐明良序集理论的基础知识，特别是与无穷集合相对应的超穷序数和超穷基数的理论。

首先，良序集概念是作为特殊的全序集引进的。“定义：我们称一个全序集 F 为良序集，如果它的元素 f 可以从最小的元素 f_1 开始，以一种确定的继承次序单调上升，使得满足以下两个条件：(1) F 中有一个最小的元素 f_1；(2) 如果 F^1 是 F 的任何一个子集，而且 F 包含一个或多个大于 F^1 中所有元素的元素，则 F 中存在紧跟在整个集合 F^1 之后的一个元素 f^1，使得 F^1 和 f^1 之间没有 F 中的其他元素。”

接着，康托尔提出了如下结论：“一个良序集 F 的每个子集 F^1 必有一个最小元素，反之，如果一个全序集 F 的每个子集都有一个最小元素，则 F 必定是一个良序集。”他还指出，每个与良序集相似的集合也是良序集。如果用一个良序集来替换一个良序集的元素,结果仍是一个良序集。

在《超穷数理论基础》第Ⅱ部分中,最重要的序数是如下的良序序列

$$1,2,3,\cdots,\omega,\omega+1,\cdots,2\omega,\cdots,v\omega,\cdots,$$
$$\omega^2,\cdots,\omega^\omega,\cdots,(\omega^\omega)^\omega,\cdots$$

在《集合论基础》中,上面这个有穷的和超穷的序数序列是由第一、第二生成原则产生的,而且通过康托尔用于确定第二数类和更高数类的极限过程指明它们的区别。正是借助第二数类,康托尔能够最终确定第二个超穷基数 $\aleph_1$(阿列夫-1)。同样,在《超穷数理论基础》第Ⅱ部分的前几章中,第二数类显示出了特殊的重要性。

为了能够给出一个较《集合论基础》更令人满意的基数定义,康托尔建立了良序集的截段的概念。他首先扩充了符号 $<$ 的意义,用 $<$ 表示一个集合的所有元素在另一个集合的所有元素之前。于是 $M<\mathbf{N}$ 或 $\mathbf{N}>M$ 是指 M 中每个元素在 $\mathbf{N}$ 中每个元素之前。"定义:如果 f 是良序集 F 中一个不同于最小元素的元素,则称 F 中所有在 f 之前的元素组成的集合

A 为 F 的一个截段。另一方面，F 中所有其他元素，包括 f 组成的集合 R 被称为 F 的余段。”显然，F 的截段和余段都由元素 f 确定，且 A 和 R 都是良序集，可以如下表示

$$F=(A,R)$$

其中 $R=(f,R')$，$A<R$。R' 是紧跟在 f 之后的 R 的部分，如果 R 中不存在不同于 f 的部分，则 $R'=\varnothing$。截段之间的不同有如下区分：给定由 F 中的元素 f 和 f' 确定的截段 A 和 A'，如果 $f'<f$，则 A' 是 A 的截段，这时 A' 被称为较小的截段，记为 $A'<A$。显然，对 F 中的任何一个截段 A，有 $A<F$。

如果相似集合 F 和 G 的两个截段 A 和 B 也是相似的，则确定这两个截段的元素 f 和 g 必定在两个良序集的相似映射下彼此对应。

康托尔还给出了如下定理：

定理 A：一个良序集 F 绝不与它的截段 A 相似。

定理 B：如果一个良序集 F 的每个截段 A 都有另一个良序集 G 的截段 B 与之相似，同时，对 G 的每个截段 B 都有 F 的截段 A 与之相似，则 $F\simeq G$。

定理 C：如果一个良序集 F 的每个截段 A 都有另

一个良序集 G 的一个截段 B 与之相似，同时，G 中至少有一个截段没有 F 的截段与之相似，则必存在 G 的一个截段 B_1，使得 $B_1 \simeq F$。

定理 D：如果良序集 G 至少有一个截段不存在 F 的截段与之对应，则对 F 中每个截段 A，必有 G 中的一个截段 B 与之相似。

《超穷数理论基础》第十二章的主要结果，是指出了两个良序集 F 和 G 之间在相似映射下有如下关系：

定理 E：如果 F 和 G 是任何两个良序集，则：(1) 或者 F 和 G 相似；(2) 或者存在 G 中一个确定的截段 B 与 F 相似；(3) 或者存在 F 中一个确定的截段 A 与 G 相似。也就是说，以上三种情况只成立其中一种。

关于良序集相似的结论对于引进超穷序数是基本的，这些序数本身构成了一个良序集。良序集的序数犹如在全序集中那样，以抽象方法引进。即抽去集合 M 中元素的质的特性而保留其顺序特性，这些元素确定了一个序型为 $\overline{M}$ 的序列。只有彼此相似的集合才有着相同的序型，因此，良序集 F 的序型被称为 F 的序数。

给定任何两个集合 F 和 G，如果 $\overline{F}=\alpha$，$\overline{G}=\beta$，由定理 E，只有相互排斥的三种情况：(1) $F\simeq G$，这时 $\alpha=\beta$；(2) G 中有一个确定的截段 B_1，使得 $F\simeq B_1$，这时 $\alpha<\beta$；(3) F 中有一个确定的截段 A_1，使得 $G\simeq A_1$，这时，$\beta<\alpha$。由截段的可比较性，如果 α 和 β 是两个序数，则必定恰有一种情况为真：$\alpha=\beta$，或者 $\alpha=\beta$，或者 $\beta<\alpha$。同时，对任何三个序数 α,β,γ，如果 $\alpha<\beta$，$\beta<\gamma$，则 $\alpha<\gamma$。因此得出，所有序数的全体依其大小次序构成一个全序集。

康托尔指出，序数的算术运算同已定义的全序集序型的运算相同，两个序数的和、两个序数的积仍是一个序数。照例要谨慎地定义减法，因为超穷序数的运算一般不满足交换律。任何无穷多个序数之和仍是一个序数，且是唯一的，它依赖于被加序数的次序。显然，这又是一个超穷序数运算不可交换的例子。

如果 $a_1,a_2,\cdots,a_v,\cdots$ 是一个只要求 $a_{v+1}>a_v$ 的序数序列，康托尔称之为“基本序列”。他首先指出，基本序列 $\{a_v\}$ 与相应的和 β（定义见下）的关系：(1) 对任何 v，序数 β 大于序数 a_v。(2) 给定任何小于 β

的序数β'，对充分大的v，有$a_v > \beta'$。由于β是紧跟在所有序数α_v之后的序数，很自然地，康托尔定义β为基本序列$\{\alpha_v\}$的“极限”

$$\lim a_v = \beta = a_1 + (a_2 - a_1) + (a_3 - a_2) + \cdots + (a_v - a_{v-1}) + \cdots \qquad (*)$$

概括前面的结果，可得出如下定理：“对每个序数的基本序列$\{a_v\}$，相应地有一个序数$\lim a_v$，它是紧跟在所有a_v之后由公式$(*)$确定的序数。”

在《超穷数理论基础》中，读者第一次看到建立在序型基础之上的超穷数理论的精彩论述。

康托尔已经用有穷序数v的第一数类确定了第一个超穷基数$\aleph_0$，为了引进第二个超穷基数$\aleph_1$，他必须建立组成第二数类的超穷序数集合。于是，在《超穷数理论基础》的第Ⅱ部分中，主要讨论了有关第二类$Z(\aleph_0)$的一些结果，而且正是通过高阶序数的进一步展开，超出了《集合论基础》中超穷数的数论范围。

“定义：第二数类$Z(\aleph_0)$是所有基数为$\aleph_0$的序数a的全体$\{a\}$。”

为了从$Z(\aleph_0)$出发定义超穷基数$\aleph_1$，康托尔引进了一系列定理,并建立了 $Z(\aleph_0)$ 的良序特性。接着,康托尔又证明了几个定理,用以确定第二数类的势。从而,对第二数类 $Z(\aleph_0)$,康托尔很自然地用 $\aleph_1$ 表示它的基数。《超穷数理论基础》的后四章,专门讨论了第二数类的运算性质。

康托尔在《超穷数理论基础》中对超穷集合论基本原理的阐述是十分精彩的,但他并未达到预期的目标。人们期望在建立了第二数类超穷数的严格基础后,进而详细讨论高阶基数,特别是期望他能履行他在第Ⅰ部分所做的承诺:不仅建立整个超穷基数序列:$\aleph_0, \aleph_1, \cdots, \aleph_v, \cdots$,而且证明 $\aleph_\omega$ 的存在。然而,《超穷数理论基础》在建立了 $Z(\aleph_0)$ 的超穷序数,证明了 $Z(\aleph_0)$ 的基数为 $\aleph_1$ 后,余下的几章就专门去讨论超穷序数了,而超穷基数似乎被遗忘了。可以说,《超穷数理论基础》对超穷基数的整个处理基本上是令人失望的,它给人留下了虎头蛇尾的印象。

在研究线性点集及写作《集合论基础》的那段时期,康托尔的目标始终是明确的,坚定地维护超穷数的存在性和有效性,同时再三强调,新集合论将成功地处理连续和无穷的特性，也将为连续统假设的证明提供更多的依据。但随着研究工作的深入，康托尔发现超穷序数本身的特性较超穷阿列夫更丰富，更能引起他的兴趣。在写作《超穷数理论基础》的过程中，尽管覆盖概念和性质似乎提供了解决的线索，但连续统假设除了那个捉弄人的等式 $2^{\aleph_0}=\aleph_1$ 外，始终令人难以把握。到了 1897 年，由于集合论悖论的发现，建立所有基数可比较性的无望，以及证明每个集合可以良序化的缺乏等一系列问题的烦扰，促成了康托尔的选择。与其寻求一个完全绝对的对某些具体问题的解，不如阐明超穷集合论的基本原理及其意义。因为这一理论的抽象性以及对于点集和现实空间的相对独立性，决定了它对现代数学的深刻影响。

《超穷数理论基础》发表后，立即被译成各种文字，康托尔的思想得以广泛传播，也在世界范围内引起了数学家们的极大争论。但超穷集合论的重要价值很快为人们所认识。康托尔高兴地看到，他日益受到一批精力旺盛的年轻一代数学家的支持。他摆脱了孤军奋战的局面，他的超穷数理论得到越来越多的数学家的承认。尽管这一理论还有许多问题未能获得满意的解决,但人们已经充分认识到康托尔对现代数学所做出的巨大贡献。

经过康托尔多方奔走,以他为主要领导人筹办的第一届国际数学家大会,终于于 1897 年在瑞士苏黎世召开了。康托尔在大会上受到了热烈的欢迎。当时国际数学界的头面人物胡尔维茨在对解析函数的最新进展进行概括时,对康托尔集合论的贡献做了阐述。阿达玛等也都试图把集合论应用于数学,尤其是数学分析当中。至于大会前已去世的外尔斯特拉斯和没有出席大会的希尔伯特,早就是集合论的支持者,庞加莱在当时也不反对集合论。

第一届国际数学家大会之后,康托尔在国际数学界名声大振,常有国内外学者到哈雷来访。哈雷大学新的领导层认为康托尔为学校增光添彩,应当提高他的薪水,改善他的生活和工作条件。1898 年初,校方通知康托尔家搬回久别的教授别墅区。

尤丽在经营“尤丽旅馆”中展示了她的卓越才能,旅馆的赢利不断增加。7 年来,她不断资助康托尔的家庭经济和学术活动的经费。旅馆也成了访问康托尔的学者的基地。此外,她还花费了大量的时间和精力,帮助康托尔处理信件、收集资料以及校对文章、书稿。古德曼看到尤丽和康托尔经常在一起忙碌的情景,心中止不住涌上羡慕和嫉妒之情。尤丽比自己年轻漂亮,又有学问又能干,比自己对先生的帮助大多了……有时,住在后院单身宿舍的旅馆职工,也向古德曼嚼舌头,说别让她把先生抢走了。古德曼心里酸溜溜的。康士坦丁仍然经常来哈雷看望大哥大嫂,一有机会就和尤丽接近。他还请求大嫂向尤丽转达求婚的意思,但每次尤丽都说:“不可能!”

学校通知康托尔搬家期间,尤丽考虑到自己的为难处境及母亲回 X 镇的愿望,也决定卖掉旅馆,与母亲和儿子阿列文回老家去。康托尔、古德曼和康士坦丁多次相劝,也没能改变尤丽的决定。尤丽说:“我来哈雷只想帮助先生冲破重围,走出困境。现在先生和大家都很好,我可以放心地回老家了。如果以后先生还有什么难处,我一定还会尽力帮助。”大家只好帮她联系,处理好善后工作。

3 月底,尤丽家和康托尔家先后搬离旅馆后院的家属小楼。他们恋恋不舍，依依惜别。

不久人们发现，康托尔教授不论早晚，常常到原来的“尤丽旅馆”、现在的“大学城饭店”前散步。不知是脚的习惯，还是心的向往。

第九章 辉煌而去，神归“无穷号房间”

时光似箭，日月如梭，19 年过去了。

1914 年 8 月 1 日至 3 日，德国对俄国、法国宣战，第一次世界大战爆发。1914 年 8 月 4 日，英国对德国宣战；1915 年 9 月，德国、奥匈帝国、保加利亚及土耳其 4 国同盟建立；1916 年 8 月 26 日，意大利对德国宣战；同年 8 月 28 日，德国对罗马尼亚宣战；1917 年 4 月 6 日，美国对德国宣战；同年 4 月 16 日至 23 日，柏林 30 万冶金工人大罢工。连年战争给广大人民带来了沉重的苦难。

1917 年 5 月，已届古稀之年的康托尔教授又一次住进了哈雷大学精神病诊所的病房。由于食品短缺，营养不足，他的脸庞显得消瘦而憔悴，他的眼睛虽然依旧有神，却已失去了昔日的光彩。

由于长期以来照顾躁狂抑郁症反复发作的丈夫，古德曼的身体每况愈下，这次简直无法继续去医院探望、照顾康托尔了。于是，她连发三封急信，恳求尤丽来哈雷帮忙。

却说尤丽当年从哈雷回到X镇后不久，又买回了希尔伯特旅馆，继续经营得红红火火。后来，长期分居在大洋彼岸的丈夫，在一次车祸中丧生。10年后母亲也去世了，她和儿子相依为命。收到古德曼的求援信后，尤丽的心中又涌起了当年的激情，她决定立即赶去。临行前，她把管理旅馆的事交给了儿子和儿媳。

姐妹久别重逢，自然是有说不完的话。她们谈得最详细的莫过于康托尔这些年的种种情况。

好景不长，1899年，康托尔又面临着一系列来自事业和家庭生活方面的打击。夏天，集合论悖论萦绕在他的头脑中，其他老问题的解决仍然毫无线索。他陷入了失望的深渊，请求停止秋季学期的教学工作，并给文化大臣写信，要求完全放弃哈雷大学的职位，情愿在某个图书馆干一个较轻松的工作。但康托尔的请求没有任何结果,他仍留在哈雷大学。15 年前的精神病又复发了。这一年的大部分时间,他是在医院里度过的,同时又不断传来家庭的不幸消息。

1899 年,康托尔的弟弟康士坦丁从部队退役,不久就不幸去世了。他的母亲在3 年前就已经去世了,更不幸的是,这年 12 月 16 日,当康托尔正在莱比锡发表关于培根 - 莎士比亚的演讲时,得到了将满 13 岁的小儿子鲁道夫去世的噩耗。鲁道夫极有音乐天赋。康托尔希望鲁道夫继承家庭的优良传统,成为一名出色的小提琴家。他甚至在给克莱因的信中也禁不住流露出了失去爱子的悲痛心情,并回忆起自己早年学习小提琴的经历,对放弃音乐转而成为一名数学家是否值得表示怀疑。古德曼看了这封信,也不禁潸然泪下。

1902 年,康托尔在勉强维持了 3 年的平衡后,又被送进医院,直到 1903 年才出院。

1904 年,康托尔在两个女儿的陪同下,参加了第三届国际数学家大会。寇尼的报告使他感到很不安,他并不是为自己的理论可能出现错误而恼怒,而是为自己受到的侮辱,为公众对他的工作所抱的态度而愤愤不平。会议临近结束时，他仍处在一种焦虑不安的状态中。据说，有一天吃早饭时，他突然十分激动地喊起来："我发现了寇尼的证明中的错误！"显然，长期的紧张和忧虑对他的身体摧残太大了，他立即被送往医院。

从1908年开始，康托尔大都处在一种严重的躁狂状态中。疾病的复发次数越来越频繁，周期越来越短，病情越来越严重。他在哈雷大学的精神病诊所里度过了漫长的时期。

听了古德曼的叙述，尤丽增添了许多烦恼。她后悔自己辜负了康士坦丁的一片真情，无意中给他带去太大的伤害。她责备自己没有早一些帮助在疾病中挣扎、奋斗的康托尔。她陪着古德曼流泪……古德曼说，这次康托尔病得较重，医生坚持长时间不让家属探望，大家真不放心。想来想去，尤丽想出一个办法，她化装后，化名玛利娜，去哈雷大学精神病诊所当护士，以便关照康托尔。古德曼知道尤丽看过不少医药卫生方面的书籍，也会打针注射药物，就不妨试试。

不久，尤丽戴着假发，巧施粉黛，通过了诊所所长的业务质询，当上了病房护士。

正处于躁狂阶段的康托尔，这些日子情绪高涨，口若悬河。当他发现新来的护士玛利娜爱听他滔滔不绝的关于超穷数理论的“讲演”后，更加兴奋不已。在玛利娜每天下午按时领他去庭院散步或在花坛边的长条椅上坐着休息时，康托尔就忍不住向她夸耀他的超穷数理论，以及因此而带来的荣耀和负担……

1901 年，他被选为英国伦敦数学会和波兰克拉科夫数学团体的通讯会员或名誉会员，欧洲的一些大学也授予他荣誉学位。

1902 年，他获得来自克里斯丁亚那的荣誉博士学位。

1904 年，英国伦敦皇家学会授予他最高荣誉：西尔威斯特奖章。

1911 年，他 66 岁大寿，获得了来自圣安德鲁斯的荣誉博士学位。

病中的康托尔仍然特别重视他曾得到过的种种荣誉，如数家珍，反反复复，念念不忘。他也念念不忘赞赏他的研究工作的一些数学家以及他们的功绩。

1900 年，在第二届国际数学家大会上，希尔伯特强调了康托尔工作的重要性，他把连续统假设列为 20 世纪有待解决的 23 个主要数学问题中的首要问题。

当第三届国际数学家大会于 1904 年召开时，康托尔的声望已经得到举世公认。

《超穷数理论基础》的确广泛地引起了数学家对超穷数和超穷集合论的兴趣。作为这种不断增长的兴趣的一个表现，还出现了一些在不同方向上应用集合论的基本思想的著作。在这方面，法国表现得尤为突出，库塔雷特、波雷尔、贝尔和勒贝格都是受到康托尔工作的影响并开始在某些方面发展康托尔理论的代表人物。

在 1900 年以后的 10 年里，德国也出现了许多应用或发展康托尔理论的论文，大多数是由伯恩斯坦、豪斯道夫等人撰写的。此外，英国也出现了大量有关集合论，特别是有关悖论的文章。其中最重要的是罗素的《数学的原理》和杨的《点集理论》等著作。

自从病房护士玛利娜开始看护康托尔以后，主治医生发现康托尔的病情稳定好转，比前些日子只用药物治疗效果好多了。医生询问护士后，认为玛利娜每天下午陪伴病人散步、聊天，起到了让病人宣泄心中的兴奋情绪和心理治疗的作用，值得肯定。康托尔对这位似曾相识，似乎对数学也很有兴趣的护士极有好感，好像遇到了一个知音。

尤丽每周星期三照例轮休，回到古德曼身边，给她讲述康托尔一周的情况，帮助她采购一些主副食品，干一些家务事。康托尔夫妇的4个子女都已成家立业，为人父母了。大女儿、大儿子分别42岁、39岁，在柏林居住。二女儿36岁，小女儿也已29岁了。小女儿是哈雷大学图书馆的职员，去年刚结婚，小女婿是哈雷大学数学系的一位年轻的副教授、博士，也是康托尔的崇拜者，他们就住在康托尔家中。若不是康托尔经常患病，古德曼该对自己的晚年生活满意了。而现在，不仅丈夫住医院，自己也得了腰腿酸痛病，常需卧床休息。尤丽的到来，给她们家又带来了温馨的气息，连珍妮夫妇也“小姨”长、“小姨”短地叫个不停。古德曼更觉得心中有了一座靠山。

春去夏来，康托尔的躁狂抑郁症大有好转。他已经能用平静的语言向护士玛利娜讲述关于集合论悖论的来龙去脉了,而且显示出他的记忆依然良好、思路仍旧清晰。

也许是上帝的幽默的安排吧,具有讽刺意味的事早就发生了。第一个发现集合论悖论的数学家不是别人,正是康托尔本人！1893 年,康托尔发现了第一个集合论悖论,特别是最大基数悖论和最大序数悖论。这些悖论是他在建立超穷基数的可比较性定理的过程中发现的,建立这一定理是为了处理每个超穷基数都有一个阿列夫,以及每个集合都能良序化等问题。1895 年,康托尔开始对这些问题感到忧虑,并着手研究如何排除这些悖论,尽可能地减少因此而造成的对超穷数理论的损害。

康托尔在《超穷数理论基础》的第 I 部分留下了两个没能解决的问题:连续统问题和超穷基数的可比较性问题。后者是指,对于任意两个基数 a 和 b 来说,是否总有,且仅有以下关系之一成立:$a<b$,$a=b$ 或 $a>b$。康托尔相信这一结论是对的,但未能给出证明。这两个问题看来都与良序化问题有关,而关键则在于是否存在其势不是超穷阿列夫的无穷集。康托尔发现,所有集合的集合正是这样一种无法对其基数进行比较的集合:由所有集合的集合出发,可以得出一个具有更大基数的集合,即由其所有子集组成的集合;但由于这一集合也是所有集合的集合中的元素,从而就不可避免地产生了悖论式的结论:一个有较小基数的集合包含了另一个有较大基数的集合。这与康托尔关于集合可比较的基本结论相抵触。

那么,产生这一悖论的根源是什么呢?康托尔认为,关于所有集合的集合的考虑包含了明显的循环,我们不能把这样的集合看成是一个完备的、自我封闭的对象。因为他在1891年给出的证明已经清楚地表明,超穷阿列夫的序列是没有终止的,从而把所有集合的集合设想成一个确定的、封闭的总体,与断定最大阿列夫的存在性一样,都是错误的。另外,尽管这一分析是与康托尔关于有穷数的处理相抵触的:第一个超穷数 ω 产生的必要前提,就是把所有的有穷数看成是一个完成的、封闭的总体,但他把上述悖论看成是一种正面的结果,即是对其理论的必要补充。

康托尔为什么能把悖论看成是建设性的东西,

而不是整个理论即将崩溃的信号呢？他在1899年夏与戴德金的通信中，对自己的立场进行了解释。在8月3日的一封信中，他重复了自《集合论基础》问世以来他所认识的东西：超穷阿列夫序列以及相应的构造类是绝对没有止境的。但是，他当时显然未能认识到像所有序型的集合Ω那样的系统所包含的形式逻辑矛盾。当1895年首次考虑这一问题时，他认为，Ω作为一个良序集，应该有相应的序型。但如果假定Ω的序型是δ，显然它必定大于Ω中任何一个序型；又由于Ω中包含了所有的序型，自然也包含了δ，这样就得出一个荒谬的结论$\delta > \delta$。因此，依康托尔之见，把Ω看成一个整体、一个相容的集合就是不能允许的。康托尔的这一思想体现在以下的定理中。

定理A：所有序数组成的系统Ω是一个绝对无穷，是一个不相容的总体。

对于由所有超穷基数组成的系统π，也可引出类似的结论：

定理B：所有阿列夫$\aleph_0, \aleph_1, \cdots, \aleph_v, \cdots, \aleph_{\omega_0}, \aleph_{\omega_0+1}, \cdots, \aleph_{\omega_1}, \aleph_{\omega_1+1}, \cdots$的系统$\pi$同样是一个绝对无穷，是一个不相容的总体。

依据上述定理，就可以较为容易地表明，前面的不相容性，在康托尔那里是如何转化为正面的结果的，康托尔由此获得了一些用其他方法所未能得到的重要结果。例如，利用定理 B 可以解决是否存在其势不是阿列夫的集合这一问题。康托尔的答案是否定的。他向戴德金指出，这正是 Ω 和 π 的不相容性的推论：如果存在其势不与任何一个阿列夫相等的集合 V，则由 V 的性质就可把整个 Ω 映入 V，于是有 $V' \subset V$ 且与 Ω 相似，从而 V 也就与 Ω 一样，是不相容的。这就是说，每个相容的集合都必定与一个确定的阿列夫等势，即：

定理 C：所有阿列夫的系统 π 即为所有超穷基数的系统。

进而，康托尔不仅可以断言连续统的基数必定为 π 中所列出的某个阿列夫，而且最终由定理 C 去解决《超穷数理论基础》中所遗留下来的关于基数可比较性的问题：因为定理 C 保证了所有的基数都必然是某个阿列夫，而所有的阿列夫又都是严格地可比较的。这样，借助于这一建立在所有超穷基数的系统的不相容性之上的定理，康托尔成功地解决了集合论中某些长期令人困惑的问题。当然,他也清楚地认识到:这一证明不是很理想的。他希望能找到一个直接的证明,并曾为此求助戴德金,希望戴德金能给出关于基数可比较性的更漂亮的证明。

康托尔对悖论的轻易处理从技术上看是可以理解的。此外,他也曾为自己的立场提供了更为深刻的理由。在给戴德金的另一封信中,康托尔写道:"如果把一个总体的所有成分看成一个整体会导致矛盾,就不应把这一总体看成一个完成的对象。我称这种总体为绝对无穷或不相容的总体。"所有超穷数的集合,就像绝对自身一样,是可以被接受的,但永远不能被完全认识。作为康托尔的无穷观的一个必不可少的因素,是那种神秘的和宗教的成分。他总是把超穷数的无穷序列看作是绝对的最好表述,而所有这些又与康托尔关于上帝的理解有着不可分割的联系。正是由于康托尔赋予超穷数与绝对之间这样一种联系,所以集合论悖论的发现没有使康托尔像许多数学家那样不安。他认为,对于超穷数的整个序列是不可能进行严格的数学分析的,它作为一个整体存在于上帝的头脑中,构成了完全特殊的一类完备性,从而就超出了人们能够精确地予以理解的范围。

总之,康托尔通过对相容集合与不相容集合的区分以及把集合论唯一地限定于相容集合的范围,轻易地排除了悖论给集合论所造成的困难;并且,诸如对 π 那样的集合的不相容性的承认,似乎还为解决连续统假设带来了新的希望:既然所有的基数都是阿列夫,连续统作为一个良定义的自我封闭的集合,其基数也就必然是某一个阿列夫。从而剩下的问题只是证明等式

$$2^{\aleph_0} = \aleph_1$$

的成立。然而,这最后一步并不容易达到。

在炎炎夏季,康托尔的躁狂症已经消失,但主治医生考虑到,据以往的经验,不久他的抑郁症又将复发,而且新近发现他还有心力衰竭的先兆症状,所以没让康托尔出院。古德曼同意医生的建议,让丈夫安心在医院"度假"。

康托尔也乐于在医院住下去,特别是护士玛利娜是一位难得的攀谈对象,她不光耐心地听他的谈话,而且显然对话题颇感兴趣,并不时提出问题,或

做些补充。有一次,玛利娜甚至安慰仍在为连续统假设的证明发愁的康托尔说:“也许先生的连续统假设对集合论所起的作用,就像欧几里得的第五公设对几何学所起的作用那样。也许可以根据假定连续统假设为真或为伪而建立起不同形式的集合论,正如可以根据第五公设为真或为伪而建立起欧氏几何或非欧几何那样。所以,先生不必过于焦虑。您提出了连续统假设,对数学就是一个巨大的贡献。”康托尔听了之后,心中确实得到了极大的安慰。

康托尔向玛利娜描述他多次住院期间的一些感受,由于获得了暂时的安静,他得以在静静的思考中感受到神灵的启示,似乎能够听到上帝神秘的呼唤。1908 年,在经历了漫长的隔离时期后,他曾写信给他的朋友说:“一次特殊的命运——感谢上帝——并没有使我毁灭,反而使我更加坚强,比以往对前途更加乐观了……虽然我远离家人,甚至远离世界,但 1907 年 10 月到 1908 年 6 月,在漫长的隔离时期中,我从未停止过对数学,尤其是对超穷数理论的思考。”

应玛利娜的要求,康托尔接连几个下午向她介绍了她十分感兴趣的一连串悖论问题。

第一个发表的悖论是布拉里·福蒂悖论。它说,序数按照它们的自然顺序,形成一个良序集。这个良序集合根据定义也有一个序数 Ω,这个序数 Ω 由定义可知应该属于这个良序集。可是由序数的定义,序数序列中任何一段的序数要大于这段之内的任何序数,因此,Ω 应该比任何序数都大,从而又不属于 Ω。这是布拉里·福蒂于 1897 年 3 月 28 日在巴洛摩数学会上宣读的一篇文章里提出来的。这是第一个发表的近代悖论,它引起了数学界的兴趣,并导致了以后许多年的热烈讨论,有几十篇文章参加。

1903 年,罗素的《数学的原理》出版。他在这本书的序言中提到了他那著名的悖论。其实,这本书的第一稿在 1900 年底就已经完成了。据罗素自己的回忆,1900 年 8 月,他到巴黎参加国际哲学家大会。"这次会议是我精神生活的转折点。因为我在会上见到了皮亚诺,会前我已经知道他的名字,并且已经读过他的一些著作,但我还没有下功夫去掌握他所使用的符号。在大会讨论中,我发现他比其他任何人都更为严格,而且参加任何辩论时,他也总是占上风…… 我断定,这必定是由于他的数理逻辑所致……我潜心研究他和他的学生所写的每一个字。我逐渐清楚地认识到,他的符号正好是我寻求多年的、可以用来进行逻辑分析的工具。"罗素很快就掌握了皮亚诺的符号逻辑,并开始写《数学的原理》,用他新学到的技术,去分析数学中的基本概念。这一段时间是他精神上的高涨时期。他打算从逻辑上推出全部数学。起初很顺利,后来就碰到了问题。康托尔曾经证明过最大的基数不存在,罗素却认为世界上所有对象的数目应该是最大的。这其中一定有些矛盾。一开始他觉得这事也许没有什么大不了的,也许是在什么地方被绕住了,但是他左思右想也无法克服,结果产生了著名的罗素悖论。

罗素后来用一个生动的"理发师悖论"来形象地说明自己的悖论。一个乡村理发师,自夸无人可比,他宣称自己当然不给自己刮脸的人刮脸,但给所有自己不刮脸的人刮脸。有一天他突然产生了疑问,他是不是应该给自己刮脸呢?要是他自己给自己刮脸,那么按照他的声明,他就不该给自己刮脸;但是要是他自己不给自己刮脸的话,则按照他自夸的那样,又必须给自己刮脸。于是,这个理发师陷入了逻辑矛盾之中。

罗素悖论实质上同“理发师悖论”的意思差不多,但是它所涉及的是最基本的集合论概念:元素,属于集合。有时元素本身也是集合,这种集合分为两类:一类是集合不是它本身的元素,即 $X \notin X$,例如,数的集合不是数,猫的集合不是猫等;一类是集合是它本身的元素,即 $X \in X$。考虑所有 $X \notin X$ 的集合 A,那么 A 属于哪一类呢?如果 $A \in A$,根据定义,A 的元素不该属于 A,即 $A \notin A$;反过来,如果 $A \notin A$,根据定义,所有不是它自身元素的集合应该属于 A,即 $A \in A$。所以,$A \in A$ 当且仅当 $A \notin A$。这是一对矛盾。这个矛盾是如此简单明了,用的概念是如此基本,因此产生了极大的震动。弗雷格认为他的算术的基础动摇了,戴德金认为他的实数理论也存在问题。庞加莱等人开始否定有关无穷集合的理论,打算从根本上解决悖论。

法国第戎中学教师理查德在 1905 年发表了一个悖论。理查德悖论的大意如下:法语中某些片语表示实数,比如“一个圆的圆周与直径之比”就表示实数 π。法语字母有一定顺序,可以把所有片语按照字母顺序排列，然后按照片语中字母的多少排列，少的在前，多的在后。这样就可以把能用片语表达的实数排成一个序列：$a_1, a_2, a_3, \cdots$。于是就得到了所有能用有限多字（字母）定义的数了。它们构成一个可数集合 E。我们可以按下面的规则造一个数 b："它的整数部分为 0，它的第 n 位小数为 b_n，若 E 中第 n 个数的第 n 位小数是 8 或 9 的话，则 b_n 为 1；若 E 中第 n 个数的第 n 位小数不是 8 或 9 的话，则 b_n 为该数加 1。"这个实数 b 显然不属于 E，因为它和 E 中每个数都不一样；要是同 a_m 相同，应该有 b 和 a_m 的第 m 位小数相同，可是根据规则，它们不相同，所以 b 同 E 中每个数都不一样。但是 b 可以由上面有限多个字（字母）组成的话（引号内）来表示，因此 b 应该属于 E。这就出现了矛盾。

理查德之所以提出悖论，是因为他看到法国《纯粹科学与应用科学通论》杂志 1905 年 3 月 30 日一期的编者按语。编者谈到，1904 年 8 月在德国海德堡召开的第三届国际数学家大会上，德国数学家寇尼证明连续统是不能够良序化的。可是一个月后，德国数学家策梅罗却证明了任何集合都能良序化。理查德从这段话中看出了，集合论中存在的“某些矛盾”，与良序性和序数的概念有关系，于是他给该刊的编辑部写了一封信，信中提出了上述悖论。这封信刊登在该刊1905年6月号上，编者还加了按语。

不久，英国的一位图书馆管理员培里向罗素提出了下面的悖论：英语中只有有限多个音节，只有有限多个音节的英语表达式包含少于40个音节的表达式，所以，用少于40个音节的表达式表示的正整数数目只有有限多个。假设R为“不能由少于40个音节的英语表达式来表示的最小正整数”，但是，这段话的英语译文只包含30多个音节，肯定比40个少，而且表示R。这自然产生了矛盾。这个悖论被称为培里悖论。

1908年，在新康德主义的小流派之一弗瑞斯派的一个文集上，发表了格瑞林悖论。它的内容是：如果一个形容词所表示的性质适用于这个形容词本身，比如“黑的”两个字的确是黑的，那么这个形容词被称为自适用的。反之，一个形容词如果不具有自适用的性质，就称之为非自适用的。在英语中，“多音节的”“英语的”这些词都是自适用的形容词；而

“单音节的”“法语的”这些词都是非自适用的。现在我们来考虑英语中“非自适用的”这个形容词，它是自适用的还是非自适用的呢？如果“非自适用的”是非自适用的，那么它就是自适用的；如果“非自适用的”是自适用的，那么按这个词的意思，则它是非自适用的。这就导出了矛盾。

康托尔在向玛利娜讲述关于集合论的一个个悖论时，显得那样的平静。不管别人怎么说，不管以后还会出现什么样的悖论，他都坚信自己通过对相容集合与不相容集合的区分，把集合论唯一地限定于相容集合的范围是科学的。今后的进展不可能推翻康托尔关于超穷集合论的任何主要结果。

玛利娜安慰康托尔：“您勇于向无穷大冒险前进，开创了超穷集合论，这是谁都否认不了的。有些问题需要时间来做结论。您就安心养病吧，人们终究会理解您的。”

随着秋天的到来，康托尔的抑郁症复发，并且渐渐加重。越来越严重的心脏病也开始蚕食他的生命。

尤丽已经有了康托尔即将病危的预感。圣诞节之夜，尤丽与古德曼同床共枕，彻夜长谈。她们抑制着即将失去亲人的悲痛，回忆起几十年来与康托尔同甘共苦的一幕幕往事……古德曼再三重复着对尤丽的感谢。

实际上从12月下旬开始，康托尔已频繁地进入神志不清的状态。尤丽要帮助古德曼以家属的身份照顾时昏时醒的康托尔，并为他的后事做准备。为此，她准备不再去扮护士。在精神病诊所，“玛利娜”来到所长室。所长热情地接待了这位广受医生、护士和患者赞扬的老护士，虽然她才来这里6个多月。所长对她辞职归去表示挽留，但见她去意已决，也就只好同意了。他还特意代表康托尔和康托尔夫人对她出色的护理工作表示感谢。

1918年元月3日，医院向康托尔的家属发出了病危通知书。第二天上午，古德曼和尤丽一起来到了康托尔的病房。阳光穿过玻璃窗照到了康托尔床前，康托尔这时正处于清醒之际，而且精神也较前几天好了一些。他的目光停留在尤丽的脸上，显出诧异的神色。古德曼忙说：“尤丽从X镇来看望你来了。”康托尔忙着要起来，古德曼扶他坐了起来，他似乎想说些什么，但又不知从哪儿开始。是啊，他与尤丽之间的情谊，已远远超出了师生之情，特别是尤丽对他的理解、支持和帮助，是他一生中最可宝贵的财富！

尤丽的化装术简直到了出神入化的程度。医生、护士竟看不出今天的尤丽就是前些天的护士玛利娜，康托尔老眼昏花、精神恍惚，就更不用说了。玛利娜，浓眉、厚唇、脸色较深，深棕色的大辫子，服饰很一般；而尤丽，细眉、薄唇、脸色较浅，浅黄色的金发烫成蘑菇样，服饰高雅大方。谁会想到这是同一个人！

这次会面时，康托尔的身体和精神似乎有所好转，医生说这实际上是一种“回光返照”现象。不久，他又进入了深度昏迷状态，心脏有时出现危险的停跳。医生让康托尔夫人通知外地的亲戚尽快来见最后一面。

1月6日天将黑，康托尔进入弥留之际。古德曼、尤丽及4个子女都来到病床前。康托尔艰难而顽强地要和每位亲人说点什么。他用手指指谁，谁就到床前俯身听他微弱的话语。说不了几句，就要闭目歇一会，再睁眼对另一位说。康托尔对古德曼说：“谢谢你，夫人，要保重身体。”对尤丽的要求是：“请让我魂归无穷号房间，它会向世人说明我的理论。”康托尔带着希望，安详地与世长辞了！在亲人的一片哭喊声中，护士开亮了病房的电灯，所长派电工又装上了大功率的白炽灯泡。

所长陪同哈雷大学校长等领导人来到病房，瞻仰康托尔的遗容，慰问康托尔夫人及子女。闻讯而来的还有康托尔的生前好友。

1918年1月9日上午9时，哈雷大教堂一声钟响，载着康托尔教授灵柩的黄色马车沿着从哈雷大学到教堂的街道缓缓前行。灵柩上面放着康托尔夫人和儿女们敬献的鲜花。亲属们跟在灵车后面缓缓地步行，紧跟着的是哈雷大学的领导、师生及数学界的朋友们。一些崇拜康托尔的市民也加入了送葬队伍。

康托尔的灵柩被安放在哈雷大教堂圣殿内的天蓝色灵台上。为康托尔主持丧礼弥撒的，是哈雷城的主任牧师。哈雷市长在丧礼上做了《圣经》选读，哈雷大学校长致悼词，赞美康托尔教授为科学奋斗的充满传奇色彩的一生。康托尔的儿子朗诵了悼诗。

丧礼结束后，灵柩换乘一辆黑色马车，康托尔的家人和生前好友分乘几辆公共马车，驶向郊区，为康托尔安葬。

在举行了康托尔的葬礼以后，尤丽的儿子阿列文按母亲的嘱托，从 X 镇出发去柏林，他要购买一台最好的发电机以及电线、白炽灯，并招聘一名电工，准备为希尔伯特旅馆及“无穷号房间”装上电灯照明系统。尤丽则留在哈雷一段时间，帮助古德曼处理康托尔的文稿、信件，并照顾临产的珍妮。

康托尔夫人收到的第一封信是爱德蒙德·兰道写的，信中说：“康托尔和他所代表的一切是永存的，人类应当感谢被赐予了康托尔这样一个伟人，未来的一代将从他的著作中受到教益。”

由于康托尔治丧期间第一次世界大战仍在进行，所以国际数学界没有人能来哈雷参加葬礼。1917 年 11 月，在俄国“十月革命”的影响下，德国的革命浪潮开始高涨。12 月 5 日，德、俄签订停战协定。人们希望战争早日结束，就像在黑夜中盼望光明的来临。

尤丽之所以竭力主张在希尔伯特旅馆特别是在“无穷号房间”安装电灯照明系统，原因在于她对康托尔的数学业绩的深刻理解。人类在关于“无穷”的混沌中摸索了几千年，是康托尔的超穷集合论第一次像电光照亮了无穷的真面目。在康托尔魂归无穷号房间时，应该让光明永远伴随着他。

1918 年 2 月中旬，阿列文从 X 镇来信，说希尔伯特旅馆的电灯照明系统已安装成功，催促母亲和古德曼姨妈早日把康托尔教授的遗像、遗物送来。尤丽和古德曼商量了几次。因为古德曼身体欠佳，不宜远行，所以只好由尤丽单独护送康托尔的遗像、遗稿及其他纪念物品来到尤丽的家——“无穷号房间”。尤丽腾出自己原来住的房间摆放这些物品，以实现康托尔魂归“无穷号房间”的遗愿。

整个 3 月份，无论黑夜还是白天，人们都会发现，X 镇希尔伯特旅馆的高层别墅灯光明亮。那就是“无穷号房间”里辉煌的白炽灯光。尤丽夜以继日地工作着，终于把这个房间布置成康托尔纪念室。康托尔的遗像挂在正面墙上，他神采奕奕、目光深邃，真有无穷统帅的风度。室中两排罩有玻璃罩的展览桌上，摆放着康托尔已发表的文章、著作以及手稿等。两边墙上有两个长方形的玻璃像框，里面摆放着康托尔各个时期的照片数十张。墙角的两个玻璃柜里放着康托尔用过的笔、表以及一些衣物等纪念物品。

在康托尔的遗像两旁，是尤丽精心抄写的几张条幅：

康托尔和他所代表的一切是永存的，人类应当感谢被赐予了康托尔这样一个伟人，未来的一代将从他的著作中受到教益。

——兰　道

康托尔的不朽功绩，在他敢于向无穷大冒险迈进，他对似是而非之论、流行的成见、哲学的教条等做了长期不懈的斗争，由此使他成为一门新学科的创造者。这门学科（指集合论）今天已经成为整个数学的基础。

——柯尔莫戈罗夫

康托尔的工作可能是这个时代所能夸耀的最伟大的工作。

——罗　素

康托尔提出的超穷数理论是数学思想最惊人的产物,在纯粹理性的范畴中人类活动的最美的表现之一,数学精神最令人惊美的花朵,人类理智活动最漂亮的成果。

——希尔伯特

当整个纪念室完全布置好后,尤丽犹如负重登山终于到达顶峰那样,心中充满了成功的欢快和轻松。

但是这种欢快和轻松只是短暂的。作为康托尔忠实的学生、同甘共苦的亲人,她还要随时准备为宣传和捍卫康托尔的超穷集合论而努力。因为她清楚,她所敬爱的康托尔教授是数学史上最富有想象力,也是最有争议的人物之一。像历史上一切有争议的人物一样,康托尔常常被人们误解。

文艺复兴时期的思想家由亚里士多德学说的封闭宇宙,前进到哥白尼以后的无限丰富的世界,是一次艰难的甚至是痛苦转变,这对西方思想史的影响是极其深远的。康托尔超穷集合论的发展,尽管发生在另一时空,但两者却是十分相似的。那些致力于由封闭的数学王国走向无限广阔的数学世界的近代数学家，虽说并没有遭受到火刑的厄运，康托尔却同样经受了同时代人严厉的审查和批判。尤丽向天发誓："正因为如此，我尤丽才崇拜康托尔，追随康托尔，心甘情愿为康托尔奉献一切，并将在这无穷号房间陪伴他的灵魂，心平气和地接待所有的来访者——包括支持者和反对者。"

每晚人们都会见到，希尔伯特旅馆的无穷号房间里灯光辉煌，照亮黑夜……

从远处看，那灯光犹如星光，闪烁在人间，闪烁在天边……

康托尔年表

1845 · 3月3日,生于俄罗斯圣彼得堡。

1856 · 随全家移居德国威斯巴登,在一所寄宿学校读书。后来,到荷兰阿姆斯特丹读六年制中学。

1862 · 17岁,开始大学生活,曾就学于瑞士苏黎世大学、德国格丁根大学和法兰克福大学。

1863 · 18岁,父亲病逝。在柏林大学重新开始学习。

1864—1865 · 在柏林大学参加数学学会,曾任学会主席。

1866 · 21岁,获得博士学位。

1869 · 24岁,在哈雷大学得到教职,任讲师。

1872 · 27岁,任哈雷大学副教授,开始主持哈雷大学的数学讲座。

1874 · 29岁,与瓦雷 · 古德曼结婚。发表关于超穷集合论的第一篇文章。

1879 · 34岁,任哈雷大学教授。

1879—1884 · 34 ~ 39 岁，相继发表 6 篇系列文章，并汇集成《关于无穷的线性点集》一书；其中第五、六篇文章曾以《集合论基础》为题，作为专著单独出版。

1884 · 39 岁，第一次患躁狂抑郁症精神病。

1891 · 46 岁，筹办德国数学家联合会，任第一任主席。

1895—1897 · 50 ~ 52 岁，出版名著《超穷数理论基础》(共 2 卷)。

1897 · 筹办在瑞士苏黎世召开的第一届国际数学家大会。

1901—1902 · 56 ~ 57 岁，被选为英国伦敦数学会和其他科学会的通讯会员或名誉会员。欧洲的一些大学授予他荣誉博士学位。

1904 · 59 岁，获得英国伦敦皇家学会的最高荣誉：西尔维斯特奖章。出席第三届国际数学家大会。

1908—1918 · 63 ~ 73 岁，常处于严重的躁狂抑郁症中。

1918 · 1 月 6 日，在哈雷逝世，享年 73 岁。

参考文献

[1] 多布雷宁,等. 苏联大百科全书[M]. 中国人民大学经济地理教研室,译. 北京:三联出版社,1957.

[2] M. 克莱因. 古今数学思想:第3册[M]. 北京大学数学系数学史翻译组,译. 上海:上海科学技术出版社,1980.

[3] M. 克莱因. 古今数学思想:第4册[M]. 北京大学数学系数学史翻译组,译. 上海:上海科学技术出版社,1981.

[4] 王永健. 世界之最:数学分册[M]. 南京:江苏人民出版社,1981.

[5] 周·道本. 乔治·康托尔和超穷集合论的起源[J]. 敦凯声,译. 科学,1983(10).

[6] 胡作玄. 第三次数学危机[M]. 成都:四川人民出版社,1985.

[7] 伊东俊太郎,等编. 科学技术史词典[M]. 樊洪业,等译. 北京:光明日报出版社,1986.

[8] 中外数学简史编写组. 外国数学简史[M]. 济南:山东教育出版社,1987.

[9] 周·道本. 康托尔的无穷的数学和哲学[M]. 郑毓信,刘晓力,译. 南京:江苏教育出版社,1988.

[10] 卢介景. 数学史海揽胜[M]. 南京:煤炭工业出版社,1989.

[11] 张锦文,阊金童. 集合论发展史[M]. 桂林:广西师范大学出版社,1993.

[12] 比尔. 传奇[M]. 肖煜,郑孜颜,译. 北京:昆仑出版社,1993.

[13] 吴文俊. 世界著名科学家传记:数学家Ⅵ[M]. 北京:科学出版社,1994.

[14] 杜瑞芝. 数学史辞典新编[M]. 济南:山东教育出版社,2017.

刘培杰数学工作室
已出版(即将出版)图书目录——初等数学

书　　名	出版时间	定　价	编号
新编中学数学解题方法全书(高中版)上卷	2007－09	38.00	7
新编中学数学解题方法全书(高中版)中卷	2007－09	48.00	8
新编中学数学解题方法全书(高中版)下卷(一)	2007－09	42.00	17
新编中学数学解题方法全书(高中版)下卷(二)	2007－09	38.00	18
新编中学数学解题方法全书(高中版)下卷(三)	2010－06	58.00	73
新编中学数学解题方法全书(初中版)上卷	2008－01	28.00	29
新编中学数学解题方法全书(初中版)中卷	2010－07	38.00	75
新编中学数学解题方法全书(高考复习卷)	2010－01	48.00	67
新编中学数学解题方法全书(高考真题卷)	2010－01	38.00	62
新编中学数学解题方法全书(高考精华卷)	2011－03	68.00	118
新编平面解析几何解题方法全书(专题讲座卷)	2010－01	18.00	61
新编中学数学解题方法全书(自主招生卷)	2013－08	88.00	261
数学奥林匹克与数学文化(第一辑)	2006－05	48.00	4
数学奥林匹克与数学文化(第二辑)(竞赛卷)	2008－01	48.00	19
数学奥林匹克与数学文化(第二辑)(文化卷)	2008－07	58.00	36′
数学奥林匹克与数学文化(第三辑)(竞赛卷)	2010－01	48.00	59
数学奥林匹克与数学文化(第四辑)(竞赛卷)	2011－08	58.00	87
数学奥林匹克与数学文化(第五辑)	2015－06	98.00	370
世界著名平面几何经典著作钩沉——几何作图专题卷(上)	2009－06	48.00	49
世界著名平面几何经典著作钩沉——几何作图专题卷(下)	2011－01	88.00	80
世界著名平面几何经典著作钩沉(民国平面几何老课本)	2011－03	38.00	113
世界著名平面几何经典著作钩沉(建国初期平面三角老课本)	2015－08	38.00	507
世界著名解析几何经典著作钩沉——平面解析几何卷	2014－01	38.00	264
世界著名数论经典著作钩沉(算术卷)	2012－01	28.00	125
世界著名数学经典著作钩沉——立体几何卷	2011－02	28.00	88
世界著名三角学经典著作钩沉(平面三角卷Ⅰ)	2010－06	28.00	69
世界著名三角学经典著作钩沉(平面三角卷Ⅱ)	2011－01	38.00	78
世界著名初等数论经典著作钩沉(理论和实用算术卷)	2011－07	38.00	126
发展你的空间想象力	2017－06	38.00	785
走向国际数学奥林匹克的平面几何试题诠释(上、下)(第1版)	2007－01	68.00	11,12
走向国际数学奥林匹克的平面几何试题诠释(上、下)(第2版)	2010－02	98.00	63,64
平面几何证明方法全书	2007－08	35.00	1
平面几何证明方法全书习题解答(第1版)	2005－10	18.00	2
平面几何证明方法全书习题解答(第2版)	2006－12	18.00	10
平面几何天天练上卷・基础篇(直线型)	2013－01	58.00	208
平面几何天天练中卷・基础篇(涉及圆)	2013－01	28.00	234
平面几何天天练下卷・提高篇	2013－01	58.00	237
平面几何专题研究	2013－07	98.00	258

刘培杰数学工作室
已出版(即将出版)图书目录——初等数学

书 名	出版时间	定 价	编号
最新世界各国数学奥林匹克中的平面几何试题	2007－09	38.00	14
数学竞赛平面几何典型题及新颖解	2010－07	48.00	74
初等数学复习及研究(平面几何)	2008－09	58.00	38
初等数学复习及研究(立体几何)	2010－06	38.00	71
初等数学复习及研究(平面几何)习题解答	2009－01	48.00	42
几何学教程(平面几何卷)	2011－03	68.00	90
几何学教程(立体几何卷)	2011－07	68.00	130
几何变换与几何证题	2010－06	88.00	70
计算方法与几何证题	2011－06	28.00	129
立体几何技巧与方法	2014－04	88.00	293
几何瑰宝——平面几何 500 名题暨 1000 条定理(上、下)	2010－07	138.00	76,77
三角形的解法与应用	2012－07	18.00	183
近代的三角形几何学	2012－07	48.00	184
一般折线几何学	2015－08	48.00	503
三角形的五心	2009－06	28.00	51
三角形的六心及其应用	2015－10	68.00	542
三角形趣谈	2012－08	28.00	212
解三角形	2014－01	28.00	265
三角学专门教程	2014－09	28.00	387
图天下几何新题试卷.初中(第 2 版)	2017－11	58.00	855
圆锥曲线习题集(上册)	2013－06	68.00	255
圆锥曲线习题集(中册)	2015－01	78.00	434
圆锥曲线习题集(下册·第 1 卷)	2016－10	78.00	683
圆锥曲线习题集(下册·第 2 卷)	2018－01	98.00	853
论九点圆	2015－05	88.00	645
近代欧氏几何学	2012－03	48.00	162
罗巴切夫斯基几何学及几何基础概要	2012－07	28.00	188
罗巴切夫斯基几何学初步	2015－06	28.00	474
用三角、解析几何、复数、向量计算解数学竞赛几何题	2015－03	48.00	455
美国中学几何教程	2015－04	88.00	458
三线坐标与三角形特征点	2015－04	98.00	460
平面解析几何方法与研究(第 1 卷)	2015－05	18.00	471
平面解析几何方法与研究(第 2 卷)	2015－06	18.00	472
平面解析几何方法与研究(第 3 卷)	2015－07	18.00	473
解析几何研究	2015－01	38.00	425
解析几何学教程.上	2016－01	38.00	574
解析几何学教程.下	2016－01	38.00	575
几何学基础	2016－01	58.00	581
初等几何研究	2015－02	58.00	444
十九和二十世纪欧氏几何学中的片段	2017－01	58.00	696
平面几何中考.高考.奥数一本通	2017－07	28.00	820
几何学简史	2017－08	28.00	833
四面体	2018－01	48.00	880

刘培杰数学工作室
已出版(即将出版)图书目录——初等数学

书　　名	出版时间	定　价	编号
俄罗斯平面几何问题集	2009-08	88.00	55
俄罗斯立体几何问题集	2014-03	58.00	283
俄罗斯几何大师——沙雷金论数学及其他	2014-01	48.00	271
来自俄罗斯的 5000 道几何习题及解答	2011-03	58.00	89
俄罗斯初等数学问题集	2012-05	38.00	177
俄罗斯函数问题集	2011-03	38.00	103
俄罗斯组合分析问题集	2011-01	48.00	79
俄罗斯初等数学万题选——三角卷	2012-11	38.00	222
俄罗斯初等数学万题选——代数卷	2013-08	68.00	225
俄罗斯初等数学万题选——几何卷	2014-01	68.00	226
463 个俄罗斯几何老问题	2012-01	28.00	152

谈谈素数	2011-03	18.00	91
平方和	2011-03	18.00	92
整数论	2011-05	38.00	120
从整数谈起	2015-10	28.00	538
数与多项式	2016-01	38.00	558
谈谈不定方程	2011-05	28.00	119

解析不等式新论	2009-06	68.00	48
建立不等式的方法	2011-03	98.00	104
数学奥林匹克不等式研究	2009-08	68.00	56
不等式研究(第二辑)	2012-02	68.00	153
不等式的秘密(第一卷)	2012-02	28.00	154
不等式的秘密(第一卷)(第 2 版)	2014-02	38.00	286
不等式的秘密(第二卷)	2014-01	38.00	268
初等不等式的证明方法	2010-06	38.00	123
初等不等式的证明方法(第二版)	2014-11	38.00	407
不等式・理论・方法(基础卷)	2015-07	38.00	496
不等式・理论・方法(经典不等式卷)	2015-07	38.00	497
不等式・理论・方法(特殊类型不等式卷)	2015-07	48.00	498
不等式探究	2016-03	38.00	582
不等式探秘	2017-01	88.00	689
四面体不等式	2017-01	68.00	715
数学奥林匹克中常见重要不等式	2017-09	38.00	845

同余理论	2012-05	38.00	163
[x]与{x}	2015-04	48.00	476
极值与最值. 上卷	2015-06	28.00	486
极值与最值. 中卷	2015-06	38.00	487
极值与最值. 下卷	2015-06	28.00	488
整数的性质	2012-11	38.00	192
完全平方数及其应用	2015-08	78.00	506
多项式理论	2015-10	88.00	541
奇数、偶数、奇偶分析法	2018-01	98.00	876

刘培杰数学工作室
已出版(即将出版)图书目录——初等数学

书　名	出版时间	定　价	编号
历届美国中学生数学竞赛试题及解答(第一卷)1950—1954	2014—07	18.00	277
历届美国中学生数学竞赛试题及解答(第二卷)1955—1959	2014—04	18.00	278
历届美国中学生数学竞赛试题及解答(第三卷)1960—1964	2014—06	18.00	279
历届美国中学生数学竞赛试题及解答(第四卷)1965—1969	2014—04	28.00	280
历届美国中学生数学竞赛试题及解答(第五卷)1970—1972	2014—06	18.00	281
历届美国中学生数学竞赛试题及解答(第六卷)1973—1980	2017—07	18.00	768
历届美国中学生数学竞赛试题及解答(第七卷)1981—1986	2015—01	18.00	424
历届美国中学生数学竞赛试题及解答(第八卷)1987—1990	2017—05	18.00	769
历届 IMO 试题集(1959—2005)	2006—05	58.00	5
历届 CMO 试题集	2008—09	28.00	40
历届中国数学奥林匹克试题集(第 2 版)	2017—03	38.00	757
历届加拿大数学奥林匹克试题集	2012—08	38.00	215
历届美国数学奥林匹克试题集:多解推广加强	2012—08	38.00	209
历届美国数学奥林匹克试题集:多解推广加强(第 2 版)	2016—03	48.00	592
历届波兰数学竞赛试题集. 第 1 卷,1949～1963	2015—03	18.00	453
历届波兰数学竞赛试题集. 第 2 卷,1964～1976	2015—03	18.00	454
历届巴尔干数学奥林匹克试题集	2015—05	38.00	466
保加利亚数学奥林匹克	2014—10	38.00	393
圣彼得堡数学奥林匹克试题集	2015—01	38.00	429
匈牙利奥林匹克数学竞赛题解. 第 1 卷	2016—05	28.00	593
匈牙利奥林匹克数学竞赛题解. 第 2 卷	2016—05	28.00	594
历届美国数学邀请赛试题集(第 2 版)	2017—10	78.00	851
全国高中数学竞赛试题及解答. 第 1 卷	2014—07	38.00	331
普林斯顿大学数学竞赛	2016—06	38.00	669
亚太地区数学奥林匹克竞赛题	2015—07	18.00	492
日本历届(初级)广中杯数学竞赛试题及解答. 第 1 卷(2000～2007)	2016—05	28.00	641
日本历届(初级)广中杯数学竞赛试题及解答. 第 2 卷(2008～2015)	2016—05	38.00	642
360 个数学竞赛问题	2016—08	58.00	677
奥数最佳实战题. 上卷	2017—06	38.00	760
奥数最佳实战题. 下卷	2017—05	58.00	761
哈尔滨市早期中学数学竞赛试题汇编	2016—07	28.00	672
全国高中数学联赛试题及解答:1981—2015	2016—08	98.00	676
20 世纪 50 年代全国部分城市数学竞赛试题汇编	2017—07	28.00	797
高中数学竞赛培训教程:整除与同余以及不定方程	2018—01	88.00	869
高考数学临门一脚(含密押三套卷)(理科版)	2017—01	45.00	743
高考数学临门一脚(含密押三套卷)(文科版)	2017—01	45.00	744
新课标高考数学题型全归纳(文科版)	2015—05	72.00	467
新课标高考数学题型全归纳(理科版)	2015—05	82.00	468
洞穿高考数学解答题核心考点(理科版)	2015—11	49.80	550
洞穿高考数学解答题核心考点(文科版)	2015—11	46.80	551

刘培杰数学工作室
已出版(即将出版)图书目录——初等数学

书　　名	出版时间	定　价	编号
高考数学题型全归纳:文科版.上	2016－05	53.00	663
高考数学题型全归纳:文科版.下	2016－05	53.00	664
高考数学题型全归纳:理科版.上	2016－05	58.00	665
高考数学题型全归纳:理科版.下	2016－05	58.00	666
王连笑教你怎样学数学:高考选择题解题策略与客观题实用训练	2014－01	48.00	262
王连笑教你怎样学数学:高考数学高层次讲座	2015－02	48.00	432
高考数学的理论与实践	2009－08	38.00	53
高考数学核心题型解题方法与技巧	2010－01	28.00	86
高考思维新平台	2014－03	38.00	259
30分钟拿下高考数学选择题、填空题(理科版)	2016－10	39.80	720
30分钟拿下高考数学选择题、填空题(文科版)	2016－10	39.80	721
高考数学压轴题解题诀窍(上)(第2版)	2018－01	58.00	874
高考数学压轴题解题诀窍(下)(第2版)	2018－01	48.00	875
北京市五区文科数学三年高考模拟题详解:2013～2015	2015－08	48.00	500
北京市五区理科数学三年高考模拟题详解:2013～2015	2015－09	68.00	505
向量法巧解数学高考题	2009－08	28.00	54
高考数学万能解题法(第2版)	即将出版	38.00	691
高考物理万能解题法(第2版)	即将出版	38.00	692
高考化学万能解题法(第2版)	即将出版	28.00	693
高考生物万能解题法(第2版)	即将出版	28.00	694
高考数学解题金典(第2版)	2017－01	78.00	716
高考物理解题金典(第2版)	即将出版	68.00	717
高考化学解题金典(第2版)	即将出版	58.00	718
我一定要赚分:高中物理	2016－01	38.00	580
数学高考参考	2016－01	78.00	589
2011～2015年全国及各省市高考数学文科精品试题审题要津与解法研究	2015－10	68.00	539
2011～2015年全国及各省市高考数学理科精品试题审题要津与解法研究	2015－10	88.00	540
最新全国及各省市高考数学试卷解法研究及点拨评析	2009－02	38.00	41
2011年全国及各省市高考数学试题审题要津与解法研究	2011－10	48.00	139
2013年全国及各省市高考数学试题解析与点评	2014－01	48.00	282
全国及各省市高考数学试题审题要津与解法研究	2015－02	48.00	450
新课标高考数学——五年试题分章详解(2007～2011)(上、下)	2011－10	78.00	140,141
全国中考数学压轴题审题要津与解法研究	2013－04	78.00	248
新编全国及各省市中考数学压轴题审题要津与解法研究	2014－05	58.00	342
全国及各省市5年中考数学压轴题审题要津与解法研究(2015版)	2015－04	58.00	462
中考数学专题总复习	2007－04	28.00	6
中考数学较难题、难题常考题型解题方法与技巧.上	2016－01	48.00	584
中考数学较难题、难题常考题型解题方法与技巧.下	2016－01	58.00	585
中考数学较难题常考题型解题方法与技巧	2016－09	48.00	681
中考数学难题常考题型解题方法与技巧	2016－09	48.00	682

刘培杰数学工作室
已出版(即将出版)图书目录——初等数学

书　名	出版时间	定　价	编号
中考数学选择填空压轴好题妙解 365	2017－05	38.00	759
中考数学小压轴汇编初讲	2017－07	48.00	788
中考数学大压轴专题微言	2017－09	48.00	846
北京中考数学压轴题解题方法突破(第 3 版)	2017－11	48.00	854
助你高考成功的数学解题智慧:知识是智慧的基础	2016－01	58.00	596
助你高考成功的数学解题智慧:错误是智慧的试金石	2016－04	58.00	643
助你高考成功的数学解题智慧:方法是智慧的推手	2016－04	68.00	657
高考数学奇思妙解	2016－04	38.00	610
高考数学解题策略	2016－05	48.00	670
数学解题泄天机(第 2 版)	2017－10	48.00	850
高考物理压轴题全解	2017－04	48.00	746
高中物理经典问题 25 讲	2017－05	28.00	764
高中物理教学讲义	2018－01	48.00	871
2016 年高考文科数学真题研究	2017－04	58.00	754
2016 年高考理科数学真题研究	2017－04	78.00	755
初中数学、高中数学脱节知识补缺教材	2017－06	48.00	766
高考数学小题抢分必练	2017－10	48.00	834
高考数学核心素养解读	2017－09	38.00	839
高考数学客观题解题方法和技巧	2017－10	38.00	847
十年高考数学精品试题审题要津与解法研究. 上卷	2018－01	68.00	872
十年高考数学精品试题审题要津与解法研究. 下卷	2018－01	58.00	873
中国历届高考数学试题及解答. 1949－1979	2018－01	38.00	877

新编 640 个世界著名数学智力趣题	2014－01	88.00	242
500 个最新世界著名数学智力趣题	2008－06	48.00	3
400 个最新世界著名数学最值问题	2008－09	48.00	36
500 个世界著名数学征解问题	2009－06	48.00	52
400 个中国最佳初等数学征解老问题	2010－01	48.00	60
500 个俄罗斯数学经典老题	2011－01	28.00	81
1000 个国外中学物理好题	2012－04	48.00	174
300 个日本高考数学题	2012－05	38.00	142
700 个早期日本高考数学试题	2017－02	88.00	752
500 个前苏联早期高考数学试题及解答	2012－05	28.00	185
546 个早期俄罗斯大学生数学竞赛题	2014－03	38.00	285
548 个来自美苏的数学好问题	2014－11	28.00	396
20 所苏联著名大学早期入学试题	2015－02	18.00	452
161 道德国工科大学生必做的微分方程习题	2015－05	28.00	469
500 个德国工科大学生必做的高数习题	2015－06	28.00	478
360 个数学竞赛问题	2016－08	58.00	677
德国讲义日本考题. 微积分卷	2015－04	48.00	456
德国讲义日本考题. 微分方程卷	2015－04	38.00	457
二十世纪中叶中、英、美、日、法、俄高考数学试题精选	2017－06	38.00	783

刘培杰数学工作室
已出版(即将出版)图书目录——初等数学

书　　名	出版时间	定　价	编号
中国初等数学研究　2009 卷(第 1 辑)	2009—05	20.00	45
中国初等数学研究　2010 卷(第 2 辑)	2010—05	30.00	68
中国初等数学研究　2011 卷(第 3 辑)	2011—07	60.00	127
中国初等数学研究　2012 卷(第 4 辑)	2012—07	48.00	190
中国初等数学研究　2014 卷(第 5 辑)	2014—02	48.00	288
中国初等数学研究　2015 卷(第 6 辑)	2015—06	68.00	493
中国初等数学研究　2016 卷(第 7 辑)	2016—04	68.00	609
中国初等数学研究　2017 卷(第 8 辑)	2017—01	98.00	712
几何变换(Ⅰ)	2014—07	28.00	353
几何变换(Ⅱ)	2015—06	28.00	354
几何变换(Ⅲ)	2015—01	38.00	355
几何变换(Ⅳ)	2015—12	38.00	356
初等数论难题集(第一卷)	2009—05	68.00	44
初等数论难题集(第二卷)(上、下)	2011—02	128.00	82,83
数论概貌	2011—03	18.00	93
代数数论(第二版)	2013—08	58.00	94
代数多项式	2014—06	38.00	289
初等数论的知识与问题	2011—02	28.00	95
超越数论基础	2011—03	28.00	96
数论初等教程	2011—03	28.00	97
数论基础	2011—03	18.00	98
数论基础与维诺格拉多夫	2014—03	18.00	292
解析数论基础	2012—08	28.00	216
解析数论基础(第二版)	2014—01	48.00	287
解析数论问题集(第二版)(原版引进)	2014—05	88.00	343
解析数论问题集(第二版)(中译本)	2016—04	88.00	607
解析数论基础(潘承洞,潘承彪著)	2016—07	98.00	673
解析数论导引	2016—07	58.00	674
数论入门	2011—03	38.00	99
代数数论入门	2015—03	38.00	448
数论开篇	2012—07	28.00	194
解析数论引论	2011—03	48.00	100
Barban Davenport Halberstam 均值和	2009—01	40.00	33
基础数论	2011—03	28.00	101
初等数论 100 例	2011—05	18.00	122
初等数论经典例题	2012—07	18.00	204
最新世界各国数学奥林匹克中的初等数论试题(上、下)	2012—01	138.00	144,145
初等数论(Ⅰ)	2012—01	18.00	156
初等数论(Ⅱ)	2012—01	18.00	157
初等数论(Ⅲ)	2012—01	28.00	158

刘培杰数学工作室
已出版(即将出版)图书目录——初等数学

书　名	出版时间	定　价	编号
平面几何与数论中未解决的新老问题	2013－01	68.00	229
代数数论简史	2014－11	28.00	408
代数数论	2015－09	88.00	532
代数、数论及分析习题集	2016－11	98.00	695
数论导引提要及习题解答	2016－01	48.00	559
素数定理的初等证明.第2版	2016－09	48.00	686
数论中的模函数与狄利克雷级数(第二版)	2017－11	78.00	837
数论:数学导引	2018－01	68.00	849
数学眼光透视(第2版)	2017－06	78.00	732
数学思想领悟(第2版)	2018－01	68.00	733
数学应用展观(第2版)	2017－08	68.00	737
数学建模导引	2008－01	28.00	23
数学方法溯源	2008－01	38.00	27
数学史话览胜(第2版)	2017－01	48.00	736
数学思维技术	2013－09	38.00	260
数学解题引论	2017－05	48.00	735
数学竞赛采风	2018－01	68.00	739
从毕达哥拉斯到怀尔斯	2007－10	48.00	9
从迪利克雷到维斯卡尔迪	2008－01	48.00	21
从哥德巴赫到陈景润	2008－05	98.00	35
从庞加莱到佩雷尔曼	2011－08	138.00	136
博弈论精粹	2008－03	58.00	30
博弈论精粹.第二版(精装)	2015－01	88.00	461
数学 我爱你	2008－01	28.00	20
精神的圣徒　别样的人生——60位中国数学家成长的历程	2008－09	48.00	39
数学史概论	2009－06	78.00	50
数学史概论(精装)	2013－03	158.00	272
数学史选讲	2016－01	48.00	544
斐波那契数列	2010－02	28.00	65
数学拼盘和斐波那契魔方	2010－07	38.00	72
斐波那契数列欣赏	2011－01	28.00	160
数学的创造	2011－02	48.00	85
数学美与创造力	2016－01	48.00	595
数海拾贝	2016－01	48.00	590
数学中的美	2011－02	38.00	84
数论中的美学	2014－12	38.00	351

刘培杰数学工作室
已出版(即将出版)图书目录——初等数学

书　　名	出版时间	定　价	编号
数学王者　科学巨人——高斯	2015－01	28.00	428
振兴祖国数学的圆梦之旅:中国初等数学研究史话	2015－06	98.00	490
二十世纪中国数学史料研究	2015－10	48.00	536
数字谜、数阵图与棋盘覆盖	2016－01	58.00	298
时间的形状	2016－01	38.00	556
数学发现的艺术:数学探索中的合情推理	2016－07	58.00	671
活跃在数学中的参数	2016－07	48.00	675
数学解题——靠数学思想给力(上)	2011－07	38.00	131
数学解题——靠数学思想给力(中)	2011－07	48.00	132
数学解题——靠数学思想给力(下)	2011－07	38.00	133
我怎样解题	2013－01	48.00	227
数学解题中的物理方法	2011－06	28.00	114
数学解题的特殊方法	2011－06	48.00	115
中学数学计算技巧	2012－01	48.00	116
中学数学证明方法	2012－01	58.00	117
数学趣题巧解	2012－03	28.00	128
高中数学教学通鉴	2015－05	58.00	479
和高中生漫谈:数学与哲学的故事	2014－08	28.00	369
算术问题集	2017－03	38.00	789
自主招生考试中的参数方程问题	2015－01	28.00	435
自主招生考试中的极坐标问题	2015－04	28.00	463
近年全国重点大学自主招生数学试题全解及研究.华约卷	2015－02	38.00	441
近年全国重点大学自主招生数学试题全解及研究.北约卷	2016－05	38.00	619
自主招生数学解证宝典	2015－09	48.00	535
格点和面积	2012－07	18.00	191
射影几何趣谈	2012－04	28.00	175
斯潘纳尔引理——从一道加拿大数学奥林匹克试题谈起	2014－01	28.00	228
李普希兹条件——从几道近年高考数学试题谈起	2012－10	18.00	221
拉格朗日中值定理——从一道北京高考试题的解法谈起	2015－10	18.00	197
闵科夫斯基定理——从一道清华大学自主招生试题谈起	2014－01	28.00	198
哈尔测度——从一道冬令营试题的背景谈起	2012－08	28.00	202
切比雪夫逼近问题——从一道中国台北数学奥林匹克试题谈起	2013－04	38.00	238
伯恩斯坦多项式与贝齐尔曲面——从一道全国高中数学联赛试题谈起	2013－03	38.00	236
卡塔兰猜想——从一道普特南竞赛试题谈起	2013－06	18.00	256
麦卡锡函数和阿克曼函数——从一道前南斯拉夫数学奥林匹克试题谈起	2012－08	18.00	201
贝蒂定理与拉姆贝克莫斯尔定理——从一个拣石子游戏谈起	2012－08	18.00	217
皮亚诺曲线和豪斯道夫分球定理——从无限集谈起	2012－08	18.00	211
平面凸图形与凸多面体	2012－10	28.00	218
斯坦因豪斯问题——从一道二十五省市自治区中学数学竞赛试题谈起	2012－07	18.00	196

刘培杰数学工作室
已出版(即将出版)图书目录——初等数学

书名	出版时间	定价	编号
纽结理论中的亚历山大多项式与琼斯多项式——从一道北京市高一数学竞赛试题谈起	2012－07	28.00	195
原则与策略——从波利亚"解题表"谈起	2013－04	38.00	244
转化与化归——从三大尺规作图不能问题谈起	2012－08	28.00	214
代数几何中的贝祖定理(第一版)——从一道 IMO 试题的解法谈起	2013－08	18.00	193
成功连贯理论与约当块理论——从一道比利时数学竞赛试题谈起	2012－04	18.00	180
素数判定与大数分解	2014－08	18.00	199
置换多项式及其应用	2012－10	18.00	220
椭圆函数与模函数——从一道美国加州大学洛杉矶分校(UCLA)博士资格考题谈起	2012－10	28.00	219
差分方程的拉格朗日方法——从一道 2011 年全国高考理科试题的解法谈起	2012－08	28.00	200
力学在几何中的一些应用	2013－01	38.00	240
高斯散度定理、斯托克斯定理和平面格林定理——从一道国际大学生数学竞赛试题谈起	即将出版		
康托洛维奇不等式——从一道全国高中联赛试题谈起	2013－03	28.00	337
西格尔引理——从一道第 18 届 IMO 试题的解法谈起	即将出版		
罗斯定理——从一道前苏联数学竞赛试题谈起	即将出版		
拉克斯定理和阿廷定理——从一道 IMO 试题的解法谈起	2014－01	58.00	246
毕卡大定理——从一道美国大学数学竞赛试题谈起	2014－07	18.00	350
贝齐尔曲线——从一道全国高中联赛试题谈起	即将出版		
拉格朗日乘子定理——从一道 2005 年全国高中联赛试题的高等数学解法谈起	2015－05	28.00	480
雅可比定理——从一道日本数学奥林匹克试题谈起	2013－04	48.00	249
李天岩－约克定理——从一道波兰数学竞赛试题谈起	2014－06	28.00	349
整系数多项式因式分解的一般方法——从克朗耐克算法谈起	即将出版		
布劳维不动点定理——从一道前苏联数学奥林匹克试题谈起	2014－01	38.00	273
伯恩赛德定理——从一道英国数学奥林匹克试题谈起	即将出版		
布查特－莫斯特定理——从一道上海市初中竞赛试题谈起	即将出版		
数论中的同余数问题——从一道普特南竞赛试题谈起	即将出版		
范・德蒙行列式——从一道美国数学奥林匹克试题谈起	即将出版		
中国剩余定理:总数法构建中国历史年表	2015－01	28.00	430
牛顿程序与方程求根——从一道全国高考试题解法谈起	即将出版		
库默尔定理——从一道 IMO 预选试题谈起	即将出版		
卢丁定理——从一道冬令营试题的解法谈起	即将出版		
沃斯滕霍姆定理——从一道 IMO 预选试题谈起	即将出版		
卡尔松不等式——从一道莫斯科数学奥林匹克试题谈起	即将出版		
信息论中的香农熵——从一道近年高考压轴题谈起	即将出版		
约当不等式——从一道希望杯竞赛试题谈起	即将出版		
拉比诺维奇定理	即将出版		
刘维尔定理——从一道《美国数学月刊》征解问题的解法谈起	即将出版		
卡塔兰恒等式与级数求和——从一道 IMO 试题的解法谈起	即将出版		
勒让德猜想与素数分布——从一道爱尔兰竞赛试题谈起	即将出版		
天平称重与信息论——从一道基辅市数学奥林匹克试题谈起	即将出版		
哈密尔顿－凯莱定理:从一道高中数学联赛试题的解法谈起	2014－09	18.00	376
艾思特曼定理——从一道 CMO 试题的解法谈起	即将出版		

刘培杰数学工作室

已出版(即将出版)图书目录——初等数学

书　　名	出版时间	定　价	编号
一个爱尔特希问题——从一道西德数学奥林匹克试题谈起	即将出版		
有限群中的爱丁格尔问题——从一道北京市初中二年级数学竞赛试题谈起	即将出版		
贝克码与编码理论——从一道全国高中联赛试题谈起	即将出版		
帕斯卡三角形	2014－03	18.00	294
蒲丰投针问题——从2009年清华大学的一道自主招生试题谈起	2014－01	38.00	295
斯图姆定理——从一道“华约”自主招生试题的解法谈起	2014－01	18.00	296
许瓦兹引理——从一道加利福尼亚大学伯克利分校数学系博士生试题谈起	2014－08	18.00	297
拉姆塞定理——从王诗宬院士的一个问题谈起	2016－04	48.00	299
坐标法	2013－12	28.00	332
数论三角形	2014－04	38.00	341
毕克定理	2014－07	18.00	352
数林掠影	2014－09	48.00	389
我们周围的概率	2014－10	38.00	390
凸函数最值定理:从一道华约自主招生题的解法谈起	2014－10	28.00	391
易学与数学奥林匹克	2014－10	38.00	392
生物数学趣谈	2015－01	18.00	409
反演	2015－01	28.00	420
因式分解与圆锥曲线	2015－01	18.00	426
轨迹	2015－01	28.00	427
面积原理:从常庚哲命的一道CMO试题的积分解法谈起	2015－01	48.00	431
形形色色的不动点定理:从一道28届IMO试题谈起	2015－01	38.00	439
柯西函数方程:从一道上海交大自主招生的试题谈起	2015－02	28.00	440
三角恒等式	2015－02	28.00	442
无理性判定:从一道2014年“北约”自主招生试题谈起	2015－01	38.00	443
数学归纳法	2015－03	18.00	451
极端原理与解题	2015－04	28.00	464
法雷级数	2014－08	18.00	367
摆线族	2015－01	38.00	438
函数方程及其解法	2015－05	38.00	470
含参数的方程和不等式	2012－09	28.00	213
希尔伯特第十问题	2016－01	38.00	543
无穷小量的求和	2016－01	28.00	545
切比雪夫多项式:从一道清华大学金秋营试题谈起	2016－01	38.00	583
泽肯多夫定理	2016－03	38.00	599
代数等式证题法	2016－01	28.00	600
三角等式证题法	2016－01	28.00	601
吴大任教授藏书中的一个因式分解公式:从一道美国数学邀请赛试题的解法谈起	2016－06	28.00	656
易卦——类万物的数学模型	2017－08	68.00	838
“不可思议”的数与数系可持续发展	2018－01	38.00	878
最短线	2018－01	38.00	879
幻方和魔方(第一卷)	2012－05	68.00	173
尘封的经典——初等数学经典文献选读(第一卷)	2012－07	48.00	205
尘封的经典——初等数学经典文献选读(第二卷)	2012－07	38.00	206
初级方程式论	2011－03	28.00	106
初等数学研究(Ⅰ)	2008－09	68.00	37
初等数学研究(Ⅱ)(上、下)	2009－05	118.00	46,47

刘培杰数学工作室
已出版(即将出版)图书目录——初等数学

书　　名	出版时间	定　价	编号
趣味初等方程妙题集锦	2014－09	48.00	388
趣味初等数论选美与欣赏	2015－02	48.00	445
耕读笔记(上卷):一位农民数学爱好者的初数探索	2015－04	28.00	459
耕读笔记(中卷):一位农民数学爱好者的初数探索	2015－05	28.00	483
耕读笔记(下卷):一位农民数学爱好者的初数探索	2015－05	28.00	484
几何不等式研究与欣赏.上卷	2016－01	88.00	547
几何不等式研究与欣赏.下卷	2016－01	48.00	552
初等数列研究与欣赏·上	2016－01	48.00	570
初等数列研究与欣赏·下	2016－01	48.00	571
趣味初等函数研究与欣赏.上	2016－09	48.00	684
趣味初等函数研究与欣赏.下	即将出版		685
火柴游戏	2016－05	38.00	612
智力解谜.第1卷	2017－07	38.00	613
智力解谜.第2卷	2017－07	38.00	614
故事智力	2016－07	48.00	615
名人们喜欢的智力问题	即将出版		616
数学大师的发现、创造与失误	2018－01	48.00	617
异曲同工	即将出版		618
数学的味道	2018－01	58.00	798
数贝偶拾——高考数学题研究	2014－04	28.00	274
数贝偶拾——初等数学研究	2014－04	38.00	275
数贝偶拾——奥数题研究	2014－04	48.00	276
钱昌本教你快乐学数学(上)	2011－12	48.00	155
钱昌本教你快乐学数学(下)	2012－03	58.00	171
集合、函数与方程	2014－01	28.00	300
数列与不等式	2014－01	38.00	301
三角与平面向量	2014－01	28.00	302
平面解析几何	2014－01	38.00	303
立体几何与组合	2014－01	28.00	304
极限与导数、数学归纳法	2014－01	38.00	305
趣味数学	2014－03	28.00	306
教材教法	2014－04	68.00	307
自主招生	2014－05	58.00	308
高考压轴题(上)	2015－01	48.00	309
高考压轴题(下)	2014－10	68.00	310
从费马到怀尔斯——费马大定理的历史	2013－10	198.00	Ⅰ
从庞加莱到佩雷尔曼——庞加莱猜想的历史	2013－10	298.00	Ⅱ
从切比雪夫到爱尔特希(上)——素数定理的初等证明	2013－07	48.00	Ⅲ
从切比雪夫到爱尔特希(下)——素数定理100年	2012－12	98.00	Ⅲ
从高斯到盖尔方特——二次域的高斯猜想	2013－10	198.00	Ⅳ
从库默尔到朗兰兹——朗兰兹猜想的历史	2014－01	98.00	Ⅴ
从比勃巴赫到德布朗斯——比勃巴赫猜想的历史	2014－02	298.00	Ⅵ
从麦比乌斯到陈省身——麦比乌斯变换与麦比乌斯带	2014－02	298.00	Ⅶ
从布尔到豪斯道夫——布尔方程与格论漫谈	2013－10	198.00	Ⅷ
从开普勒到阿诺德——三体问题的历史	2014－05	298.00	Ⅸ
从华林到华罗庚——华林问题的历史	2013－10	298.00	Ⅹ

刘培杰数学工作室
已出版(即将出版)图书目录——初等数学

书 名	出版时间	定 价	编号
美国高中数学竞赛五十讲.第1卷(英文)	2014－08	28.00	357
美国高中数学竞赛五十讲.第2卷(英文)	2014－08	28.00	358
美国高中数学竞赛五十讲.第3卷(英文)	2014－09	28.00	359
美国高中数学竞赛五十讲.第4卷(英文)	2014－09	28.00	360
美国高中数学竞赛五十讲.第5卷(英文)	2014－10	28.00	361
美国高中数学竞赛五十讲.第6卷(英文)	2014－11	28.00	362
美国高中数学竞赛五十讲.第7卷(英文)	2014－12	28.00	363
美国高中数学竞赛五十讲.第8卷(英文)	2015－01	28.00	364
美国高中数学竞赛五十讲.第9卷(英文)	2015－01	28.00	365
美国高中数学竞赛五十讲.第10卷(英文)	2015－02	38.00	366
三角函数	2014－01	38.00	311
不等式	2014－01	38.00	312
数列	2014－01	38.00	313
方程	2014－01	28.00	314
排列和组合	2014－01	28.00	315
极限与导数	2014－01	28.00	316
向量	2014－09	38.00	317
复数及其应用	2014－08	28.00	318
函数	2014－01	38.00	319
集合	即将出版		320
直线与平面	2014－01	28.00	321
立体几何	2014－04	28.00	322
解三角形	即将出版		323
直线与圆	2014－01	28.00	324
圆锥曲线	2014－01	38.00	325
解题通法(一)	2014－07	38.00	326
解题通法(二)	2014－07	38.00	327
解题通法(三)	2014－05	38.00	328
概率与统计	2014－01	28.00	329
信息迁移与算法	即将出版		330
IMO 50年.第1卷(1959－1963)	2014－11	28.00	377
IMO 50年.第2卷(1964－1968)	2014－11	28.00	378
IMO 50年.第3卷(1969－1973)	2014－09	28.00	379
IMO 50年.第4卷(1974－1978)	2016－04	38.00	380
IMO 50年.第5卷(1979－1984)	2015－04	38.00	381
IMO 50年.第6卷(1985－1989)	2015－04	58.00	382
IMO 50年.第7卷(1990－1994)	2016－01	48.00	383
IMO 50年.第8卷(1995－1999)	2016－06	38.00	384
IMO 50年.第9卷(2000－2004)	2015－04	58.00	385
IMO 50年.第10卷(2005－2009)	2016－01	48.00	386
IMO 50年.第11卷(2010－2015)	2017－03	48.00	646

刘培杰数学工作室
已出版(即将出版)图书目录——初等数学

书　　名	出版时间	定　价	编号
方程(第2版)	2017－04	38.00	624
三角函数(第2版)	2017－04	38.00	626
向量(第2版)	即将出版		627
立体几何(第2版)	2016－04	38.00	629
直线与圆(第2版)	2016－11	38.00	631
圆锥曲线(第2版)	2016－09	48.00	632
极限与导数(第2版)	2016－04	38.00	635
历届美国大学生数学竞赛试题集.第一卷(1938—1949)	2015－01	28.00	397
历届美国大学生数学竞赛试题集.第二卷(1950—1959)	2015－01	28.00	398
历届美国大学生数学竞赛试题集.第三卷(1960—1969)	2015－01	28.00	399
历届美国大学生数学竞赛试题集.第四卷(1970—1979)	2015－01	18.00	400
历届美国大学生数学竞赛试题集.第五卷(1980—1989)	2015－01	28.00	401
历届美国大学生数学竞赛试题集.第六卷(1990—1999)	2015－01	28.00	402
历届美国大学生数学竞赛试题集.第七卷(2000—2009)	2015－08	18.00	403
历届美国大学生数学竞赛试题集.第八卷(2010—2012)	2015－01	18.00	404
新课标高考数学创新题解题诀窍:总论	2014－09	28.00	372
新课标高考数学创新题解题诀窍:必修1～5分册	2014－08	38.00	373
新课标高考数学创新题解题诀窍:选修2－1,2－2,1－1,1－2分册	2014－09	38.00	374
新课标高考数学创新题解题诀窍:选修2－3,4－4,4－5分册	2014－09	18.00	375
全国重点大学自主招生英文数学试题全攻略:词汇卷	2015－07	48.00	410
全国重点大学自主招生英文数学试题全攻略:概念卷	2015－01	28.00	411
全国重点大学自主招生英文数学试题全攻略:文章选读卷(上)	2016－09	38.00	412
全国重点大学自主招生英文数学试题全攻略:文章选读卷(下)	2017－01	58.00	413
全国重点大学自主招生英文数学试题全攻略:试题卷	2015－07	38.00	414
全国重点大学自主招生英文数学试题全攻略:名著欣赏卷	2017－03	48.00	415
劳埃德数学趣题大全.题目卷.1:英文	2016－01	18.00	516
劳埃德数学趣题大全.题目卷.2:英文	2016－01	18.00	517
劳埃德数学趣题大全.题目卷.3:英文	2016－01	18.00	518
劳埃德数学趣题大全.题目卷.4:英文	2016－01	18.00	519
劳埃德数学趣题大全.题目卷.5:英文	2016－01	18.00	520
劳埃德数学趣题大全.答案卷:英文	2016－01	18.00	521
李成章教练奥数笔记.第1卷	2016－01	48.00	522
李成章教练奥数笔记.第2卷	2016－01	48.00	523
李成章教练奥数笔记.第3卷	2016－01	38.00	524
李成章教练奥数笔记.第4卷	2016－01	38.00	525
李成章教练奥数笔记.第5卷	2016－01	38.00	526
李成章教练奥数笔记.第6卷	2016－01	38.00	527
李成章教练奥数笔记.第7卷	2016－01	38.00	528
李成章教练奥数笔记.第8卷	2016－01	48.00	529
李成章教练奥数笔记.第9卷	2016－01	28.00	530

刘培杰数学工作室
已出版(即将出版)图书目录——初等数学

书　名	出版时间	定　价	编号
第19～23届"希望杯"全国数学邀请赛试题审题要津详细评注(初一版)	2014－03	28.00	333
第19～23届"希望杯"全国数学邀请赛试题审题要津详细评注(初二、初三版)	2014－03	38.00	334
第19～23届"希望杯"全国数学邀请赛试题审题要津详细评注(高一版)	2014－03	28.00	335
第19～23届"希望杯"全国数学邀请赛试题审题要津详细评注(高二版)	2014－03	38.00	336
第19～25届"希望杯"全国数学邀请赛试题审题要津详细评注(初一版)	2015－01	38.00	416
第19～25届"希望杯"全国数学邀请赛试题审题要津详细评注(初二、初三版)	2015－01	58.00	417
第19～25届"希望杯"全国数学邀请赛试题审题要津详细评注(高一版)	2015－01	48.00	418
第19～25届"希望杯"全国数学邀请赛试题审题要津详细评注(高二版)	2015－01	48.00	419
物理奥林匹克竞赛大题典——力学卷	2014－11	48.00	405
物理奥林匹克竞赛大题典——热学卷	2014－04	28.00	339
物理奥林匹克竞赛大题典——电磁学卷	2015－07	48.00	406
物理奥林匹克竞赛大题典——光学与近代物理卷	2014－06	28.00	345
历届中国东南地区数学奥林匹克试题集(2004～2012)	2014－06	18.00	346
历届中国西部地区数学奥林匹克试题集(2001～2012)	2014－07	18.00	347
历届中国女子数学奥林匹克试题集(2002～2012)	2014－08	18.00	348
数学奥林匹克在中国	2014－06	98.00	344
数学奥林匹克问题集	2014－01	38.00	267
数学奥林匹克不等式散论	2010－06	38.00	124
数学奥林匹克不等式欣赏	2011－09	38.00	138
数学奥林匹克超级题库(初中卷上)	2010－01	58.00	66
数学奥林匹克不等式证明方法和技巧(上、下)	2011－08	158.00	134,135
他们学什么:原民主德国中学数学课本	2016－09	38.00	658
他们学什么:英国中学数学课本	2016－09	38.00	659
他们学什么:法国中学数学课本.1	2016－09	38.00	660
他们学什么:法国中学数学课本.2	2016－09	28.00	661
他们学什么:法国中学数学课本.3	2016－09	38.00	662
他们学什么:苏联中学数学课本	2016－09	28.00	679
高中数学题典——集合与简易逻辑·函数	2016－07	48.00	647
高中数学题典——导数	2016－07	48.00	648
高中数学题典——三角函数·平面向量	2016－07	48.00	649
高中数学题典——数列	2016－07	58.00	650
高中数学题典——不等式·推理与证明	2016－07	38.00	651
高中数学题典——立体几何	2016－07	48.00	652
高中数学题典——平面解析几何	2016－07	78.00	653
高中数学题典——计数原理·统计·概率·复数	2016－07	48.00	654
高中数学题典——算法·平面几何·初等数论·组合数学·其他	2016－07	68.00	655

刘培杰数学工作室
已出版(即将出版)图书目录——初等数学

书　名	出版时间	定　价	编号
台湾地区奥林匹克数学竞赛试题.小学一年级	2017－03	38.00	722
台湾地区奥林匹克数学竞赛试题.小学二年级	2017－03	38.00	723
台湾地区奥林匹克数学竞赛试题.小学三年级	2017－03	38.00	724
台湾地区奥林匹克数学竞赛试题.小学四年级	2017－03	38.00	725
台湾地区奥林匹克数学竞赛试题.小学五年级	2017－03	38.00	726
台湾地区奥林匹克数学竞赛试题.小学六年级	2017－03	38.00	727
台湾地区奥林匹克数学竞赛试题.初中一年级	2017－03	38.00	728
台湾地区奥林匹克数学竞赛试题.初中二年级	2017－03	38.00	729
台湾地区奥林匹克数学竞赛试题.初中三年级	2017－03	28.00	730
不等式证题法	2017－04	28.00	747
平面几何培优教程	即将出版		748
奥数鼎级培优教程.高一分册	即将出版		749
奥数鼎级培优教程.高二分册	即将出版		750
高中数学竞赛冲刺宝典	即将出版		751
初中尖子生数学超级题典.实数	2017－07	58.00	792
初中尖子生数学超级题典.式、方程与不等式	2017－08	58.00	793
初中尖子生数学超级题典.圆、面积	2017－08	38.00	794
初中尖子生数学超级题典.函数、逻辑推理	2017－08	48.00	795
初中尖子生数学超级题典.角、线段、三角形与多边形	2017－07	58.00	796
数学王子——高斯	2018－01	48.00	858
坎坷奇星——阿贝尔	2018－01	48.00	859
闪烁奇星——伽罗瓦	2018－01	58.00	860
无穷统帅——康托尔	2018－01	48.00	861
科学公主——柯瓦列夫斯卡娅	2018－01	48.00	862
抽象代数之母——埃米·诺特	2018－01	48.00	863
电脑先驱——图灵	2018－01	58.00	864
昔日神童——维纳	2018－01	48.00	865
数坛怪侠——爱尔特希	2018－01	68.00	866

联系地址:哈尔滨市南岗区复华四道街 10 号　哈尔滨工业大学出版社刘培杰数学工作室
网　　址:http://lpj.hit.edu.cn/
邮　　编:150006
联系电话:0451－86281378　　13904613167
E-mail:lpj1378@163.com